Main

ENTRE MIS LABIOS,
MI CLÍTORIS

Título original: *Entre mes levres Mon clitoris – Confidences d'un organe mystérieux*
Editor original: Groupe Eyrolles, París
Ilustraciones del clitoris: Lori Malépart-Traversy
Creación de la maqueta y compaginación: Pomkipik
Ilustraciones técnicas de páginas 67, 68, 69,113, 116 Hung Ho Thanh
Traducción: Amelia Ros García

1.ª edición Junio 2018

ISBN: 978-84-16720-34-7
E-ISBN: 978-84-17312-29-9
Depósito legal: B-12.669-2018

Fotocomposición: Ediciones Urano, S.A.U.

Impreso por: Liberdúplex, S.L. – Ctra. BV 2249 Km 7,4
Polígono Industrial Torrentfondo – 08791 Sant Llorenç d'Hortons (Barcelona)

Impreso en España – *Printed in Spain*

ALEXANDRA HUBIN • CAROLINE MICHEL

ENTRE MIS LABIOS, MI CLÍTORIS

Confidencias de un órgano misterioso

URANO

Argentina – Chile – Colombia – España
Estados Unidos – México – Perú – Uruguay

Agradecimientos

Queremos dar las gracias:

★ A Gwénaëlle Painvin, nuestra editora, por su audacia y su confianza, así como a todo el equipo de Éditions Eyrolles por su implicación en este proyecto.

★ A los clítoris de nuestras amigas y de las participantes en el taller que organizamos, por sus múltiples revelaciones.

★ A Vincent y a Mathieu, por ser voluntarios en la intimidad y por aguantar que no nos quitáramos el clítoris de la boca.

★ A los hombres de nuestro entorno, por sus confidencias y su visión de la sexualidad femenina.

★ A nuestros ex, por haberlo buscado con frecuencia y por encontrarlo algunas veces.

★ Y, por último, a Lori Malépart-Traversy, que ha aportado su obra a nuestro proyecto y que no podría habernos regalado una cubierta más bonita. Se puede ver su vídeo aquí.

www.youtube.com/watch?v=J_3OA_VZVkY

A todos los clitoris

Índice

Introducción

Una de nosotras es sexóloga y la otra, periodista. Usamos la palabra «clítoris» varias veces al día —en la consulta, en los artículos y también en la cama—, pero nunca la habíamos pronunciado tanto como en estos últimos meses (ni nuestra editora tampoco). Tras mucho tiempo desterrado del panorama de la sexualidad, este órgano sexual femenino conoce hoy un regreso triunfal.

Admitir que un órgano existe únicamente para proporcionar placer a la mujer (hasta ahora no se le conocen otras funciones) es una proeza en un mundo donde la sexualidad se ha definido durante mucho tiempo por la penetración y por la satisfacción del hombre. Si los varones tuvieran clítoris, hace lustros que este órgano se habría medido y estudiado. Habría concursos, dibujos en las paredes de los institutos, tentadores mensajes de correo basura con técnicas para agrandarlo y pastillas mágicas para ponerlo duro en caso de impotencia.

Ha llegado el momento de conocer este órgano que se encuentra en el centro del placer femenino. Aunque aún se le considera un simple grano rosa, el clítoris es mucho más que eso. Es asombroso, creativo, ingenioso, sorprendente, y se prolonga varios centímetros en el interior del cuerpo. Hay infinidad de adjetivos que pugnaban por salir de nuestra pluma cuando escribíamos este libro. Aunque estos últimos años hemos ido conociendo los descubrimientos científicos a medida que se publicaban, tenemos la sensación de haber accedido a los secretos del clítoris durante nuestra propia investigación.

¿Para qué escribir un libro sobre el clítoris si no es para que salga de su escondite y nos haga revelaciones sorprendentes? Nuestra finalidad no solo es centrarnos en este órgano y determinar cuál es su mejor perfil, sino invitar a cada lectora a recorrer estas páginas en busca de su «yo sexual».

La publicación de recientes investigaciones relativas a la anatomía del clítoris proporcionan a las mujeres un mayor conocimiento de su cuerpo y un mejor acceso al placer. También permite acabar con un montón de ideas preconcebidas que rigen la sexualidad, como que el acto sexual está integrado por unos entrantes (los preliminares), un plato principal (la penetración) y un postre (el orgasmo); que unas posturas son mejores que otras; que unas mujeres son de orgasmo vaginal y otras, clitoriano; que el punto G existe (bueno, quizás no); que la única clave para disfrutar sería relajarse; o que el orgasmo depende del buen hacer de la pareja... Todas estas creencias (la lista podría medir siete clítoris), que suelen transmitirse como un manual de instrucciones, son opresivas. Imponen una norma y nos dictan siempre lo que se supone que debemos hacer, pensar y, sobre todo, sentir.

Ha llegado el momento de entender que no existe ninguna regla ni ninguna manera de «hacerlo bien»: en materia de sexualidad, cada mujer tiene sus propias singularidades y preferencias. Preferencias que cambian con el tiempo, la edad, las parejas, el deseo de ser madre, la anticoncepción, la intensidad de la luz, la música de fondo… Preferencias que cambian según el día de la semana. Lo que nos enseña el clítoris es que el placer es un todo y que, dentro de ese «todo» —inmenso campo de posibilidades—, las mujeres hacen y deshacen su puzle a su antojo, solas, en pareja o en comuna.

Hemos evitado a propósito que este libro fuera como un recetario de cocina, porque el clítoris —y la sexualidad femenina en general— no tiene nada que ver con la pasta a la carbonara o ni con un pudin de semillas de chía que hacemos para impresionar a nuestra suegra. Este libro es una historia, un cuento, un diálogo, un dormitorio donde dejamos aparcados nuestros complejos. También es un intercambio de confidencias y revelaciones sobre nosotras, la ciencia y el periodismo. Nace del deseo de divulgar la belleza del clítoris y todo lo que tiene que enseñarnos sobre su funcionamiento y su potencial, su precioso glande y el placer sexual femenino.

En esta obra compartimos el resultado de nuestra investigación y nuestros pensamientos más íntimos. Esperamos que mires tu sexo con nuevos ojos, porque las últimas revelaciones sobre clítoris dan, sencillamente, ganas de reinventarse.

Clitoriana

o

CLITORIANA ?

Aunque el clítoris se descubrió oficialmente en 1559 y se redescubrió en los años 1950, las dos hemos crecido en un mundo que distinguía entre el orgasmo vaginal y el orgasmo clitoriano, y que sostenía, con sus dudas, que este último era menor que su compadre y mucho menos importante. A lo largo del tiempo, el clítoris ha brillado por su inutilidad o por su absentismo. En otras palabras, su carrera no ha sido meteórica. Esta falta de valoración se explica en gran parte por el hecho de que el placer masculino era objeto de mayor atención y estudio que el placer femenino. La sexualidad se contemplaba principalmente bajo un prisma coital. Todavía, en la actualidad, el falocentrismo sigue siendo el mayor obstáculo para el goce de la mujer. Las cifras lo repiten sin cesar. Sin embargo, observamos que en nuestras camas se presta una especial atención al clítoris. Aunque ahora ha salido a escena, las mujeres nunca han dejado de ser las protagonistas de su propio placer.

Si tienes mayoría de «B»: ¡eres clitoriana!

En la época en que nos empezaba a salir el vello y teníamos nuestras primeras experiencias sexuales, allá por las décadas de 1990 y 2000, nos hacíamos esta pregunta entre las amigas: «¿Eres clitoriana o vaginal?» Y si no teníamos clara la respuesta, bastaba con hacer uno de los muchos test que traían las revistas femeninas. Según nuestras posturas preferidas, nuestros hábitos masturbatorios (con la almohada o con el dedo corazón) y el placer experimentado, descubríamos si éramos una cosa u otra. Era algo matemático. Al igual que podíamos saber en tres minutos si íbamos a encontrar el amor ese verano o si íbamos a romper en invierno (o ambas cosas). Los test de psicología y sexualidad trazaban, por lo general, tres perfiles.

Algunas de nosotras eran muy afortunadas porque entraban en ambos supuestos: eran clitorianas y vaginales. Empezaban muy bien en la vida.

Ahora bien, las «vaginales puras» tenían una suerte bárbara, porque el orgasmo vaginal se consideraba difícil de alcanzar pero más intenso, más global, más fuerte y más todo que el séptimo cielo clitoriano. Las chicas capaces de disfrutar así se contaban (casi) con los dedos de una mano, mientras que las clitorianas eran mucho más numerosas. Según nuestros recuerdos, las estadísticas que ofrecía la prensa eran (más o menos): 30 % de vaginales y 70 % de clitorianas. De este modo, se quedaban tranquilas la mayoría de las chicas: quizás se tuvieran que contentar con el orgasmo «menor» y el placer «menor», pero no estaban solas.

Además, no había que darlo todo por perdido. En primer lugar, leíamos con frecuencia que el orgasmo vaginal tenía más posibilidades de experimentarse al cumplir los treinta, periodo en el que la mujer se conocía mejor y se dejaba llevar con más facilidad en la cama. Pero también era posible alcanzarlo «prematuramente», con un poco de voluntad y de entrenamiento. La receta se encontraba al lado de la fórmula para acabar con el cabello seco (el otro mal del siglo). Lo principal era relajarse (siempre), lubricarse bien (para facilitar la penetración), estimular las paredes vaginales (en lugar de empeñarse en profundos movimientos de vaivén) y no olvidarse del clítoris, ese «botón exterior» que aumentaba el placer.

En efecto, el clítoris se consideraba el mejor juguete para los preliminares, el empujoncito, el órgano ideal para caldear el ambiente. El clítoris era la primera copa de la noche del sábado, el sorbo refrescante que abre las compuertas, el interruptor que pulsamos antes de gritar «¡Sorpresa!» y empezar la fiesta. Aún en la actualidad, se lo define en ocasiones como una zona erógena que se activa antes del inicio del coito. Un pequeño aperitivo del que no nos privamos, pero que no nos satisface (lo bastante).

Estábamos tan convencidas de que existían dos niveles, que compartíamos nuestras experiencias con las amigas para «comparar», con más o menos pudor. Se trataba de comprobar si el orgasmo vaginal era realmente más alucinante o si el clitoriano era más breve e intenso (o más simple y ridículo). Y cuando una clitoriana experimentaba un orgasmo más largo, se preguntaba si (por fin) había encontrado el grial (¡aleluya!). En eso consistía toda nuestra preocupación. En realidad, no podíamos saber cómo era cada tipo de orgasmo ni cómo se manifestaban en nuestro cuerpo. Nadie hace el amor de la misma manera. Una postura o una caricia pueden proporcionar un placer increíble a una mujer, pero eso no significa que funcionen con otra. Todo depende de las costumbres, las preferencias, las fantasías, los sentimientos amorosos, las experiencias e, incluso, la morfología. Pero eso no lo sabíamos. Nos imaginábamos que había una serie de técnicas aplicables para perder el sentido durante largos minutos. Porque el orgasmo vaginal se describía como muy largo.

Quizás las chicas desearan tener un orgasmo vaginal simplemente porque ocurría durante la penetración. Mientras que disfrutar con caricias externas, en solitario o en compañía, era experimentar forzosamente un orgasmo clitoriano, porque la vagina no tenía vela en ese entierro. También es posible que oír hablar de ese magnífico orgasmo, tan inaccesible como extraordinario, nos llevara a error. La más mínima sensación diferente del día anterior nos hacía creer que lo habíamos alcanzado. De tanto leer que existía, teníamos la sensación de casi tocarlo, como una pandilla de adolescentes sentados en círculo que invocan con convicción un espíritu y acaban sintiendo una oleada de escalofríos en el estómago. El fantasma ha pasado por aquí, ¿verdad? Todo el mundo está de acuerdo. Con toda la energía que hemos puesto, tiene que ser la abuela que nos saluda desde el más allá.

★ Penetración for ever

Además, junto a eso, el Kamasutra (que en indio significa literalmente «aforismos del deseo») —o, más exactamente, su libro II, que trata de las relaciones y las posturas sexuales— se difundía por todos los medios: a través de dibujos, descripciones y consejos aprendíamos cuáles eran las mejores posturas para hacer el amor. Y no siempre el clítoris caía en el olvido (o cada vez menos). Ello no impedía que la representación de la sexualidad fuera muy falocéntrica. Las películas porno nos mostraban a un maromo que se tiraba a seis tías, una detrás de otra, en la postura del perrito, después de quitarse el mono de electricista. Todo pasaba por el pene: el ángulo bueno, la postura buena y el ritmo bueno también. El sexo era, simplemente, una serie de vaivenes apasionados, que volvían loco al chico y ponían a la chica fuera de sí. Aunque, cuando teníamos 20 años, a la pregunta de «¿Con cuántos tíos te has acostado?» solíamos responder «Depende», porque si no había penetración y solo se trataba de besos y caricias, de placer, en definitiva, (y no necesariamente de orgasmo), no se consideraba una auténtica relación sexual. Todo se contemplaba desde la perspectiva del coito. ¿Acariciarse con ternura en los aseos de la facultad, sin penetración, era un acto sexual? En la actualidad, la respuesta es afirmativa, pero entonces no estaba tan claro. Era una relación interrumpida, un escarceo, una chapuza, incluso, porque la penetración era lo bueno.

★ Punto G (coordenadas 26.622833-70.876729)

El punto G también era tema de conversación. No se sabía con certeza si existía (la cuestión era muy controvertida), pero los consejos para encontrarlo llenaban las páginas de las revistas. Si todas nos poníamos a ello, podíamos contribuir a la investigación y determinar si el punto G era una falacia o un poder mágico. Masturbarse era la oportunidad de encontrarlo (o no, porque, al fin y al cabo, existía la posibilidad de que no todas las chicas estuvieran dotadas de él). Se nos sugería que buscáramos, a unos centímetros de la entrada de la vagina, un punto sensible —supuestamente con más terminaciones nerviosas— que se podía reconocer por una zona de piel más rugosa, del tamaño de una moneda de un euro (o de diez francos en aquel entonces). Una vez encontrado, había que presionarlo hasta descubrir nuevas sensaciones. El resultado era automático: lo encuentras, lo presionas y disfrutas. Como para flipar con un frotis vaginal en la consulta del ginecólogo. Todo lo que ocurría en la vagina era casi místico. Y por eso se decretaba que era mejor. Lo que daba menos guerra, como el clítoris, resultaba menos satisfactorio. En lugar de quedarnos con lo fácil, lo bueno era perseguir su búsqueda. Nos animaban a hacerlo sin cesar.

Este panorama general no pretende acusar de nada a la prensa femenina, que se adaptaba a su tiempo y supo difundir, según se hacían descubrimientos sobre el clítoris, las nuevas revelaciones. Estas revistas eran nuestra principal fuente de información y nos ayudaban, bien mirado, a saber más sobre el placer, el cuerpo, los deseos y las relaciones. Con el tiempo, esta prensa transmitió nuevos mensajes: *stop* a la distinción ente orgasmo clitoriano y vaginal —porque quizás este último no exista—. *Stop* al punto G, que tiene muchos humos, pero puede que no sea más que una réplica del placer clitoriano. Relax con la penetración, porque no es la condición imprescindible del goce sexual. El papel que desempeñan los medios de comunicación femeninos nos parece fundamental. Informan a las mujeres, pero también las acompañan y las ayudan a poner palabras a lo que sienten, a pesar de su apariencia injustamente calificada de frívola y superficial. Es verdad que algunos artículos se quedan en los estereotipos y a veces no están lo bastante documentados. Pero ¿quién nos habría dicho tanto sobre el placer?, ¿y sobre el clítoris? ¿Quién nos habría invitado a hacernos las preguntas correctas para distinguir unas cosas de otras?

No obstante todo eso, no obstante la multitud de artículos publicados por las revistas más importantes sobre el tema del orgasmo y el acceso al placer, la dicotomía vaginal-clitoriana ha sobrevivido. Aunque en la actualidad se afirma que solo existe un orgasmo, que se origina en el clítoris, esta rectificación hace mucho menos ruido del que el orgasmo vaginal produjo en su época. Deshacer lo que se tejió hace tanto tiempo requiere paciencia y, tal vez, un poco de obstinación.

Los recuerdos de nuestros recreos ya han cumplido veinte años (¡ay!), pero estas conversaciones de amigas se siguen produciendo entre las más jóvenes. Sin embargo, hace años que sabemos mucho sobre el clítoris. ¿Cómo es eso posible? ¿Por qué perdura lo «falso»? Para entenderlo, hay que remontarse en el tiempo y recorrer la historia del clítoris, así como echar un vistazo a la percepción de la sociedad acerca de la sexualidad, que se ha definido, durante mucho tiempo y de forma activa, desde la perspectiva masculina.

forma activa, desde la perspectiva masculina.

Un órgano de ida y vuelta

2

Al largo de los siglos, el clítoris —y, en general, la sexualidad femenina—, ha sido objeto de numerosas controversias. Igual estaba bajo los focos como se la escondía en el sótano… El órgano del placer podría haberse hecho famoso con tanto trajín, pero se prescindió de él como de un cantante efímero: un éxito, y adiós.

Las investigaciones actuales contribuyen a la evolución de su imagen (la del clítoris, no la del cantante) y a situarlo en el centro del placer femenino, no sin dificultades. El clítoris ha estado minimizado —tanto en sentido estricto como figurado— durante tanto tiempo que no basta con chasquear los dedos para devolverle el lugar que le corresponde. Sin olvidar que la hegemonía falocéntrica, es decir, el reinado del pene, nunca lo ha recibido con los brazos abiertos: si la mujer puede gozar sin penetración, entonces es independiente por completo (¡qué horror!). Por ello, desde siempre se ha preferido ignorar este órgano.

★ El descubrimiento del clítoris

Todo empezó (o casi) en 1559. Un tal Mateo Realdo Colombo —con un nombre así, el muchacho estaba predestinado—, investigador italiano de la anatomía humana, pretendía haber descubierto el clítoris después de haberlo diseccionado (miles de veces). Para él, no había duda: el clítoris era la sede del placer femenino, el órgano del goce por excelencia. Colombo reivindicó dicho descubrimiento en su obra *De Re Anatomica*[1]. Como anécdota, dos años después, Gabriel Falopio (el que dio nombre a las trompas), anatomista italiano también, intentó robarle el mérito a su colega. En sus *Observationes Anatomicae*, escribió que había sido el primero en descubrir el clítoris[2] (por lo tanto, este órgano habría estado a punto de llamarse Falopio). Dicho esto, aunque provocaran una pequeña guerra de egos, el clítoris y la vulva vivían en esa época sus días de gloria: fueron dibujados, grabados y descritos. Se representaron las estructuras internas del clítoris, invisibles a simple vista. El clítoris no solo era un

---

1. Stringer, M. D. y Becker, I., «Colombo and the clitoris», *European Journal of Obstetrics & Gynecology and Reproductive Biology,* 2010, 151 (2), 130-133.

2. Falloppii, G., *Observationes anatomicae* (Reprod.), Apud Bernadum Turrifanum (Parisiis), 1562.

botón rosa, sino un órgano completo con un reconocido potencial erótico.

Lo cual era una buena noticia. Desde la Antigüedad se creía que el placer cumplía una función en la reproducción. Esta idea fue transmitida sobre todo por Hipócrates[3] y Galeno. Se consideraba que la mujer —al igual que el hombre— disponía de una semilla que se generaba al hacer el amor. El encuentro de estos dos «espermas» daba lugar a la fecundación. Dicho de otro modo, cuanto más placer sentía la mujer, más fértil era. Por ello, cuando Colombo anunció claramente, siglos después, que el clítoris era la fuente del placer, todo el mundo estuvo encantado porque eso significaba que nacerían muchos niños.

Pero no echemos las campanas al vuelo: una cosa era que la mujer sintiera placer y otra que tuviera el órgano «para el placer». La masturbación estaba prohibida. Era inconcebible que una mujer satisficiera sus pulsiones con una finalidad distinta de la procreación, sobre todo si podía poner en peligro su capacidad reproductiva —desperdiciando su esperma, por ejemplo—. Como resultado, la mujer que experimentaba un deseo sexual demasiado intenso podía volverse histérica si no se desfogaba. En otras palabras, la histeria se consideraba una patología propia de la mujer insatisfecha. Podía provocar nerviosismo, insomnio y

3. Grmek, M. D., *Hippocratica: actes du Colloque hippocratique de Paris* (del 4 al 9 de septiembre de 1978), Éditions du Centre national de la recherche scientifique, 1980, 1 (3), 332-333.

falta de apetito. ¿Cómo liberar a la mujer de su «exceso de ardor»? Desde Hipócrates hasta el siglo xx, los médicos prodigaban «masajes» en la vulva, método que contrasta con la clitorectomía (ablación total o parcial del clítoris), remedio aplicado en el siglo xix para impedir la masturbación[4]. La finalidad del tratamiento con masajes era aliviar a las mujeres y calmar sus tensiones. En cuanto se descubrió la electricidad, salieron los primeros vibradores para facilitar la tarea. Esta práctica demuestra que el clítoris suscitaba interés. En la consulta no se penetraba a las mujeres, sino que se acariciaba su órgano mágico. Pero el hecho de que las mujeres no estuvieran satisfechas sexualmente no se debía a que no hicieran el amor, sino a que vivían una sexualidad centrada en el coito. En lugar de interesarse por el placer femenino y cuestionarse sobre la satisfacción sexual de las mujeres y su supuesta histeria, se prefería calmarlas en una camilla.

Pero volvamos al descubrimiento del clítoris por Colombo, que se anunció como una buena noticia para repoblar el planeta. Pronto llegó el desengaño: en 1850 se descubrió el fenómeno de la ovulación. Entonces se determinó que el placer sexual no intervenía en la procreación, aunque la ciencia se preguntaba si no ayudaría a las mujeres a ovular. En 1875, Oskar Hertwig[5] observó con un microscopio el proceso de la fecundación y emi-

---

4. Maines, R. P., *Technologies de l'orgasme. Le vibromasseur, «l'hystérie» et la satisfaction sexuelle des femmes,* París, Payot, 2009.

5. Hertwig, O., «Beiträge zur Kenntnis der Bildung, Befruchtung und Theilung des thierischen Eies», *Morphologisches Jahrbuch,* 1976, 1, 347-434.

tió el veredicto definitivo: un óvulo, un espermatozoide y listo. Por lo tanto, el clítoris no tenía ninguna utilidad, así que quedó rápidamente desacreditado. Algunos médicos pensaban incluso que acabaría por desaparecer. Se lo consideraba una especie de apéndice: no era malo, pero estrictamente no servía para nada. Es el principio del oscurantismo clitoriano. Todo lo que se había comprendido y aprendido hasta entonces cayó en el olvido.

★ Querido Freud

A comienzos del siglo xx, Sigmund Freud despertó al clítoris, pero con un jarro de agua fría. Sostenía que las mujeres que disfrutaban con el clítoris eran inmaduras, incluso neuróticas. Se volvía a hablar del clítoris, pero para criticarlo. Según el célebre psicoanalista, el orgasmo clitoriano era inferior al orgasmo vaginal. Por lo tanto, se invitaba a las féminas a descubrir este último para ser auténticas mujeres. Sus conclusiones reflejaban la sociedad de la época, que definía la sexualidad bajo un prisma falocéntrico. La función de la vagina consistía en acoger al compañero, así como su esperma. El clítoris, por su parte, era un órgano superfluo. «La transformación de la niña en mujer se caracteriza ante todo por el desplazamiento total de esta sensibilidad (clitoriana) desde el clítoris a la entrada de la vagina[6]»,

---

6. Freud, S., *Introduction à la psychanalyse,* París, Petite Bibliothèque Payot, 2001 (edición original: 1917). Edición en español: *Introducción al psicoanálisis,* Madrid, Alianza Editorial, 2015.

escribió Freud en 1917. Pero al final de su vida cuestionó sus teorías y dejó a sus colegas psicoanalistas la tarea de explorar lo que él llamó «el continente negro», es decir, el sexo femenino. Ingente misión.

En 1924, Marie Bonaparte, sobrina bisnieta de Napoleón, publicó con seudónimo, en la revista *Bruxelles Médical*, un artículo titulado «Consideraciones sobre las causas anatómicas de la frigidez de la mujer[7]». La princesa aseguraba haber estudiado doscientos clítoris y haber medido el diámetro «meatoclitoriano», como ella lo denominaba, para llegar a la siguiente conclusión: en algunos casos, el clítoris está demasiado alejado de la vagina. Las mujeres dotadas de esta morfología podrían experimentar un gran placer, pero permanecerían insensibles durante el coito debido a que su anatomía no permitía la estimulación del clítoris. Estas doscientas mujeres «cobayas» no existían en realidad. Marie Bonaparte hablaba de ella misma. Escribió este artículo para llamar la atención de Freud y conocerlo. Ella consideraba el clítoris como una fuente infinita de placer y se oponía firmemente a los postulados del psicoanalista, que afirmaba que las caricias clitorianas debían cesar con la madurez sexual. Marie Bonaparte consiguió una cita con Freud y se convirtió en una de sus discípulas más próximas. Continuó con su investigación e incluso se operó tres veces con el fin de acercar el glande del clítoris al orificio vaginal. Sin éxito.

---

7. Lemel, A., *Les 200 clitoris de Marie Bonaparte,* París, Éditions Mille et Une Nuits, 2010.

★ El mito del orgasmo vaginal

El clítoris volvió a cobrar protagonismo en la década de 1950 con Kinsey, Masters y Johnson, los célebres sexólogos estadounidenses, pioneros de la sexualidad moderna. Los tres se dedicaron a la observación del comportamiento sexual humano. En 1953, Alfred Kinsey mencionó en un informe[8] la superioridad del clítoris, órgano que describe como hipersensible, a diferencia de las paredes vaginales. Diez años después, les corresponde a William Howell Masters y Virginia Johnson[9] la tarea de situar el clítoris en el centro del placer. Después de haber examinado miles de orgasmos de casi 700 individuos —en pareja o mediante la masturbación—, llegaron a la conclusión de que solo existía un orgasmo, que nacía en el clítoris y se propagaba por la vagina.

A continuación, los movimientos feministas se sumaron a la causa del clítoris. En 1968, Anne Koedt, una feminista estadounidense de origen danés, publicó un artículo titulado «The Myth of the Vaginal Orgasm», basado en las aún recientes investigaciones de Masters y Johnson. Según ella, el placer femenino es estudiado sistemáticamente por hombres que minusvaloran a la mujer y la tratan como si fuera un ser inferior. El orgasmo clitoriano se considera insignificante, mientras que el orgasmo vaginal —el orgasmo con mayúsculas— se defiende constantemente. Como resul-

---

8. Kinsey, A., *Sexual behavior in the human female,* Philadelphia, W. B., Saunders ed., 1953.

9. Masters, W. H. y Johnson, V., *Human sexual reponse,* Boston, Little Brown, 1966.

tado, las mujeres se culpabilizan y temen no ser normales. Las que no disfrutan «vaginalmente» son calificadas (de forma errónea) de frígidas: «En vez de buscar el origen de la frigidez femenina en suposiciones falsas sobre la anatomía femenina, nuestros expertos han declarado que la frigidez es un problema psicológico. (…) Los hechos sobre la anatomía femenina y la respuesta sexual cuentan una historia diferente. Aunque hay muchas zonas erógenas, solo existe una para el clímax: el clítoris. Todos los órganos son extensiones de la sensación de esta zona. Debido a que el clítoris no es necesariamente estimulado de manera suficiente en las posiciones sexuales convencionales, se nos deja "frígidas". (…) Las mujeres han sido así definidas sexualmente en términos de lo que complace a los hombres; nuestra propia biología no ha sido analizada correctamente[10]», escribe. En resumen, el clítoris no es el gran servidor del placer masculino: si las mujeres pueden gozar sin penetración, ¿cómo van a tener los hombres un orgasmo?

En 1976, prosigue la lucha. Shere Hite, investigadora estadounidense en ciencias sociales, realizó una encuesta sin precedentes. Preguntó a tres mil mujeres sobre su sexualidad y publicó los resultados en el llamado *Informe Hite*[11] (del que se vendieron 35 millones de ejemplares). Los testimonios recogidos en él situa-

---

10. Koedt, A. Versión en francés: «Le mythe de l'orgasme vaginal», *Nouvelles Questions Féministes,* 2010, 29 (3), 14-22. Versión en español: «El mito del orgasmo vaginal», *Debate Feminista,* 2001, 23, pp. 254-263.

11. Hite, S. Versión en francés: *Le nouveau rapport Hite,* París, J'ai Lu, 2004. Versión en español: *Informe Hite: informe de la sexualidad femenina.* Barcelona, Punto de Lectura, 2002.

ban el clítoris en el centro del placer. Esta obra convulsionó los postulados que consideraban imprescindible la penetración para alcanzar una sexualidad plena. El pene ya no era fundamental para el goce de la mujer. Sus conclusiones no se aceptaron fácilmente. La investigadora recibió cartas amenazadoras y acabó por exiliarse en Alemania. Era evidente que la sociedad no tomaba en serio a los investigadores de vanguardia. Al clítoris le costaba trabajo imponerse, mientras que, paradójicamente, las mujeres confesaban pasar excelentes momentos íntimos con él.

★ La llegada del punto G

El peso de las representaciones sociales era tan importante que el clítoris se chocaba constantemente contra el mismo muro, aunque hubiera conclusiones positivas sobre él y se levantasen voces en su favor. Y el horizonte estaba lejos de despejarse: en 1982, tres científicos, Alice Ladas, Beverly Whipple y John D. Perry, publicaron *The G-Spot and Other Recent Discoveries about Human Sexuality* (en español, *El punto G y otros descubrimientos recientes sobre sexualidad*). Con su obra popularizaron el célebre punto G, denominado así en honor del ginecólogo Ernst Gräfenberg. Este último sospechaba desde hacía años que algo se tramaba en la vagina: la existencia de una zona precisa, situada a unos centímetros de la entrada, particularmente sensible a las caricias y a la penetración. La obra se tradujo a diecinueve idiomas. En concreto, la traducción al francés se publicó por Éditions Robert

Laffont[12] ese mismo año. El punto G se presentaba como la nueva llave del placer: por fin la penetración prometía el goce a la mujer y no se limitaba a ser un acto para complacer al varón. Las mujeres también podían quedar satisfechas. El libro consiguió un éxito enorme entre un público receptivo y situó el placer vaginal por delante de la sexualidad femenina. El carácter mediático del punto G impone la existencia de un orgasmo originado por la estimulación interna, distinto del orgasmo clitoriano. Por lo tanto, el clítoris puede calmar sus ardores. Un nuevo paso atrás.

★ Todo va mejor (o casi)

El clítoris ha recuperado el lugar que le corresponde gracias a los avances tecnológicos. En 1998, la investigadora australiana Helen O'Connell estudió con exactitud[13] el clítoris mediante imagen por resonancia magnética (IRM). Diez años después, en 2008, la ginecóloga Odile Buisson y el doctor Pierre Foldès compartieron los resultados de sus observaciones ecográficas[14]. Gracias a estas investigaciones —las dos más conocidas entre otras muchas—, se ha

12. Perry, J. D.; Ladas, A. K. y Whipple, B., (1982) *Le Point G. et autres découvertes récentes sur la sexualité humaine,* París: Robert Laffont. En España, la primera traducción se publicó por la editorial Grijalbo, en el año 1996, con el título *El punto G.*

13. O'Connell, H. E.; Hutson, J. M.; Anderson, C. R. y Plenter, R. J., «Anatomical relationship between urethra and clitoris», *Journal of Urology,* 1998, 159, 1892-1897.

14. Buisson, O.; Foldès, P. y Paniel, B. J., «Sonography of the clitoris», *The Journal of Sexual Medicine,* 2008, 5, 413-417.

redescubierto la anatomía del clítoris y se ha recordado, con el apoyo de pruebas científicas, que este órgano se extiende varios centímetros en el interior del cuerpo y que desempeña un papel central en el placer femenino. Es más, estos resultados demuestran que no existen dos orgasmos sino uno solo, que se origina en el clítoris. Por desgracia, estas revelaciones —que no solo confirman el trabajo de Masters y Johnson, sino también la obsesión de Marie «Bonaparte» y la experiencia de muchas mujeres— hacen poco ruido.

Hubo que esperar hasta 2015, año en que Odile Fillod, investigadora independiente en sociología de las ciencias y divulgación científica, realizó una versión en 3D del clítoris, para que este meritorio órgano tomara nuevos bríos. Era la época adecuada. Las redes sociales permitieron que la información circulara a toda velocidad.

La prueba se encuentra en el vídeo titulado *Le clitoris*, realizado en 2016 (y publicado en Internet en junio de 2017) por la directora canadiense Lori Malépart-Traversy. Ese corto de animación que dura tres minutos ha recibido una decena de premios y ha llegado a acumular cinco millones de reproducciones por hora en el momento de escribir estas líneas (julio de 2017, en plena canícula). La autora del vídeo —e ilustradora de la portada de este libro, de lo que no podemos estar más orgullosas— representa un clítoris y cuenta la historia de un órgano tan castigado como desconocido. Su objetivo es recordar el papel que desempeña en el orgasmo femenino y la emancipación de la mujer. Un auténtico éxito que ha sido aclamado, apoyado y compartido. Y que contribuye a sacar al pequeño botón de su cubil.

En los últimos tiempos, los clítoris han salido de sus cavernas. La escultora belga Laurence Dufaÿ realizó el *clitoriz soufflé,* una obra efímera de espuma de poliuretano, con una altura de tres metros y cubierta de musgo, que se erigió en Bruselas. En Suiza, el artista Mathias Pfund, natural de Ginebra, expuso frente a la estación de Neuchâtel la obra titulada *Instant Pleasure* que representaba un clítoris gigante. Cuando contemplamos estos clítoris que se alzan con dignidad, hay que reconocer que dan un poco de miedo. Puede que el clítoris no sepa posar y ni tenga un gran sentido de la moda, pero, al fin y al cabo, un pene no lo haría mejor.

Por su parte, la vulva también se exhibe. Después de la tendencia del *vaginal nail art* —pintarse vaginas en las uñas—, llega la Semana de la Moda de Nueva York con sus vaginas de tela para vestir a la mujer. Por supuesto, arranca sonrisas.

Y lo celebramos vivamente. Porque nunca es ni será demasiado tarde. Porque las adolescentes del mañana crecerán —esperamos— con una nueva visión de su sexualidad. Porque se encontrarán con un dibujo del clítoris antes de estudiar las placas tectónicas. Porque no buscarán el orgasmo vaginal, encomiado por todas partes, sino, simplemente, el placer. Porque pensarán que tienen un órgano increíble, capaz de abrirles las puertas del éxtasis. Porque se descubrirán solas o en pareja, llevando la iniciativa, sin creer que el hombre es el conductor. Porque no harán los test de ninguna revista femenina («¿Eres clitoriana o vaginal?») ni tampoco los encontrarán en línea. Porque nos echarán un montón de años encima.

Pero hasta que eso suceda, a pesar de las disecciones, las resonancias magnéticas y las ecografías, así como de los cientos, miles incluso, de artículos periodísticos dedicados al clítoris, este órgano sigue siendo el gran desconocido. La lucha no ha terminado. Muchas personas aún piensan que el clítoris es solo un botón encantador, útil para los preliminares, y que el orgasmo vaginal se encuentra en alguna parte. La imagen negativa asociada al clítoris desde la noche de los tiempos está grabada en nuestra mente. Subsisten en nuestra memoria los vestigios de un menosprecio.

Rara vez pronunciamos la palabra «clítoris». Frente a su homólogo, el pene, e incluso frente a la vagina, guardamos discreción, la consideramos tabú. En la obra *Sex and the Series*[15], Iris Brey recuerda que la representación de la sexualidad femenina en los medios de comunicación, concretamente en Estados Unidos, ha sido inexistente durante mucho tiempo. La buena noticia es que, desde hace unos años, el sexo de las mujeres es más indiscreto en la pantalla. La serie *Sexo en Nueva York*, pionera en su género, abrió camino y contribuyó a que se hablara del tema, al menos entre amigas. «Las series se han apropiado de la sexualidad y han inventado un nuevo lenguaje, escrito o visual, para poner al fin palabras a uno de los mayores misterios de la modernidad. El sexo femenino está protegido por labios, no es extraño que la sexualidad sea ante todo una cuestión de lenguaje», escribe la

15. Brey, I., *Sex and the Series, sexualités féminines, une révolution télévisuelle*, Villemarier, Soap Éditions, 2016.

autora en su libro. Asimismo, recuerda que, en los últimos años, dos series se han atrevido a mencionar el clítoris. Una de ellas es *Masters of Sex,* que trata sobre la trayectoria y los descubrimientos de Masters y Johnson. Es verdad que el carácter instructivo y educativo de la serie puede justificar la aparición del clítoris en la pantalla, sin que eso signifique una mayor apertura a la hora de hablar de él. Ahora bien, la otra serie *Orange is the New Black*, que aborda la vida de las mujeres en prisión, expone y trata el sexo femenino sin complejos, sin vergüenza y sin quejas. Con un enfoque que desculpabiliza y suena auténtico.

En la actualidad, y a partir de lo que podríamos denominar el *buzz* o entusiasmo clitoriano», «el término clítoris» ya no es una palabrota. Recientemente, en Francia, la serie *Fais pas ci, fais pas ça* (No hagas esto, no hagas lo otro) contemplaba las películas porno desde la perspectiva de un adolescente enganchado a ellas, y no se sonrojaba con la idea de hablar del *cunnilingus.* En 2017, el programa *Je t'aime, etc.* (Te amo, etc.), presentado por Daphné Bürki y emitido en horario de tarde en la cadena France 2, también expuso claramente sus intenciones: en el plató no se finge. La presentadora y sus colaboradores hablan sin tabúes del amor, también de la sexualidad. Y el clítoris se trata de todas las formas posibles. Estos son los ejemplos que nos han llamado la atención.

El clítoris,
una bestia negra de color rosa

Está el clítoris que aparece en los medios de comunicación, el que recobra protagonismo y el que lucha contra una concepción (y una práctica) falocéntrica de la sexualidad. Tenemos la lógica impresión de que sigue siendo, en la actualidad, el gran olvidado de las relaciones sexuales, también porque las cifras al respecto confirman regularmente esa tendencia.

Las mujeres alcanzan el orgasmo con más facilidad cuando reciben múltiples estimulaciones[1]. Dicho de otro modo, una relación sexual centrada en la penetración no sería el mejor medio para disfrutar: solo el 49,6 % de las mujeres llegan al orgasmo únicamente con la penetración vaginal. La cifra asciende al 70,9 % cuando la penetración se acompaña con estimulación manual y al 72,8 % cuando se combina con estímulos orales (palabras procaces o atrevidas).

Esta realidad continúa provocando ríos de tinta. En 2015, un estudio publicado por el Ifop[2] (Instituto Francés de Opinión Pública) tuvo una gran difusión en la prensa. Si las mujeres no disfrutan (lo bastante), se debe a que las relaciones están demasiado centradas en el falo: «En Francia, la penetración vaginal acompañada de estimulación clitoriana es la práctica menos frecuente —solo una de cada tres francesas (el 34 %) declara practicarla "con frecuencia"—, cuando es la que permite a las mujeres llegar al orgasmo con más facilidad: el 77 % lo alcanzan sin problemas», concluye el estudio. Toda la prensa femenina hizo suyo este tema, empezando por nosotras, que lo tratamos

---

1. Richters, J.; Visser, R.; de Rissel C. y Smith A., «Sexual practices at last heterosexual encounter and occurrence of orgasm in a national survey», *The Journal of Sex Research,* 2006, 43 (3), 217-226.

2. Estudio *Les Françaises et l'orgasme,* Ifop para CAM4, 2015.

en nuestro libro *Je SexoPositive*[3]. Nos sentíamos investidas de una misión: la de recordar que no debemos olvidarnos del clítoris y que la doble estimulación es muy bien recibida en el amor. Desde los informes de Hite y de Kinsey, que dieron voz a las mujeres, la estimulación clitoriana (del glande, se entiende) ya se reconocía como necesaria para el bienestar sexual femenino.

A la luz de estos datos, podemos llegar a la conclusión de que el clítoris es el gran ausente en el acto sexual y que la penetración está omnipresente, como si nos hubiéramos quedado en el pasado, víctimas de una persistente concepción falocéntrica. Da la sensación de que los hombres se centran en la penetración y de que las mujeres no guían ni dirigen sus deseos sexuales. ¿Acaso el silencio que ha sufrido el clítoris —y que todavía sufre, aunque en menor medida— le impide hasta tal punto expresarse en los momentos de intimidad? Nos hemos preguntado por el lugar que ocupa el clítoris en nuestras camas actualmente. ¿Está tan bloqueado como parece después de todo este tiempo?

Primero hemos examinado nuestro pasado. Hace veinte años, cuando tuvimos nuestras primeras experiencias sexuales, buscábamos el orgasmo vaginal, el punto G y la mejor manera de disfrutar. Para ello, nos masajeábamos el clítoris… y nuestras parejas también lo hacían. Lo incluíamos en nuestras prácticas sencillamente, porque nos procuraba unas sensaciones fasci-

---

3. Hubin, A. y Michel, C., *Je Sexopositive,* París, Eyrolles, 2015.

nantes y armoniosas. Lo difícil habría sido privarse de un placer así. Las mujeres que conocemos, tanto en el ámbito privado como en el profesional, confiesan con frecuencia que el clítoris está presente en sus relaciones (y mucho), incluso cuando hay penetración. Otras aún nos revelan que su clítoris participa en el juego amoroso, pero no como ellas esperan: recibe pocas caricias, poca delicadeza...

Los hombres se preocupan cada vez más por el placer de su pareja[4], en contra del tópico relativo a que solo les interesa la penetración. Desde tiempos inmemoriales se piensa que desean saltarse los preliminares. Este era también uno de los temas de nuestras lecturas de adolescentes. Nos recordaban lo importante que era la «puesta en marcha» para el acto sexual y la satisfacción de la mujer, y nos daban consejos para realizarla y prolongarla con un ligue completamente obcecado. En resumen, las chicas la necesitaban bastante, pero los chicos, nada en absoluto.

Ahora, el amante intenta satisfacer a su pareja. Practica el *cunnilingus* y dedica su tiempo a estimular el clítoris, así como las zonas erógenas. Tiene miedo a ser un inepto, siempre sometido a una dinámica de competición, pero hacer disfrutar a una chica no es un objetivo meramente narcisista (al menos, no siempre).

---

4. Hubin, A. y De Sutter, P., «Un glissement des typologies hommes-femmes dans leurs désirs affectifs et sexuels?», en Heenen-Wolff, S. y Vandendorpe, F., *Différences des sexes et vies sexuelles d'aujourd'hui,* Belgique, Academia A. B. Bruylant, 2012, 163-168.

Ahora se tiene en cuenta el placer femenino y se incorpora el clítoris a la práctica sexual. Muchos hombres son conscientes de que es necesario acariciarlo para lograr la satisfacción sexual de su pareja.

Quizás algunas relaciones permanezcan aún demasiado centradas en el falo. Por supuesto, nunca está de más recordar la importancia del clítoris (es precisamente lo que hacemos en este libro), pero tampoco se trata de relegar la penetración al último puesto ni de convertir la estimulación del clítoris en una obligación. Ambas sirven a la misma causa y los últimos descubrimientos solo pueden poner a todo el mundo de acuerdo: todas somos capaces de experimentar sensaciones internas y externas.

★ Jodida presión (y no es un juego de palabras)

Después de investigar y de escribir sobre el clítoris, nos preguntamos hasta qué punto conocíamos el nuestro: ¿y si no hubiéramos conseguido ni la tercera parte de lo que nos proponíamos?, ¿y si el clítoris pudiera sorprendernos aún en la cama, bajo las sábanas? ¿Cómo mostrarlo al desnudo de una vez por todas? El problema es que, al hacernos estas preguntas, sentíamos la presión. Era el mismo escenario que vivíamos en la adolescencia con el llamado orgasmo vaginal. ¿Ahora vamos a perseguir el placer clitoriano? Oír que es muy intenso cuando se ha convertido desde hace unos meses en la nueva estrella de la sexualidad puede hacer de él una nueva cumbre que coronar, tanto para los hombres como para las mujeres. Por no decir cuántas veces —de broma (¿o no?)— las chicas se ríen entre ellas de la forma en que los hombres manejan su clítoris como si fuera una palanca de mando. ¿Pueden los hombres soportar una presión añadida si les decimos claramente que el clítoris es (no necesariamente en ese orden): imprescindible, misterioso, sorprendente, caprichoso y voluble a veces? En resumen, ¿que no es exactamente el pequeño botón descrito en tantas ocasiones?

Cuando éramos jóvenes, los muchachos también intentaban superar el reto del orgasmo vaginal, más valioso que su hermano pequeño. El placer femenino era un mundo oscuro: el chico que conseguía hacer disfrutar a una chica se sentía todopoderoso. Nunca quisimos cuestionar (o nos atrevimos a hacerlo) la habilidad masculina para no herir su ego ni tampoco parecer unas caprichosas insatisfechas. Solíamos creer que los hombres tenían gran parte de culpa de nuestra capacidad para disfrutar. Incluso aunque se les acusaba de pretenciosos —el famoso «¿Satisfecha?» que se dice en las películas—, recordemos que, en los inicios de la vida sexual, los jóvenes sienten la obligación de ser competentes. Les da miedo perder la erección al ponerse el preservativo, acabar demasiado rápido o no conseguir que su pareja llegue al orgasmo. Detrás de esta supuesta consideración se esconde, ciertamente, una parte de ego, sobre todo en la adolescencia, pero algunos hombres aún sufren esta presión y nos les hace ninguna gracia. Tienen la sensación de que las mujeres les cargan el muerto en cuestión de placer, como si fueran ellos los responsables de su orgasmo. En realidad, nosotras nunca hemos pedido nada, todo son ideas preconcebidas: el buen amante es el que hace gozar a su pareja. Pero apacigüemos los ánimos. Aunque a algunos les angustia la idea de no satisfacer a su pareja, otros han conseguido hallar la serenidad. Con el tiempo y la experiencia, la mayoría abandona la idea de que el orgasmo femenino es un reto o una misión personal. Esto no significa que no se esfuercen (ni que no deban hacerlo): el sexo es cuestión de escuchar y compartir. Pero, a través de sus distintas experiencias, los hombres descubren que el orgasmo femenino depende de la propia mujer, de la relación que tiene con su cuerpo y de su conocimiento de este, así como de su estado de ánimo. Y eso sucede porque ellos experimentan lo mismo, simplemente. Cuando una mujer no disfruta con ellos, muchos lo aceptan: no pretenden que sea culpa de ella, pero tampoco piensan que la hayan pifiado. El orgasmo es un encuentro entre dos cuerpos, en un momento concreto y con unas circunstancias concretas. Cuando funciona, es responsabilidad de los dos; cuando falla, también.

Nosotras sentimos asimismo la obligación de disfrutar. ¿Para complacerlos? ¿O para formar parte del movimiento del placer femenino emancipado? Si se analizan las razones por las que las mujeres fingen, constatamos que no quieren herir a su pareja y que desean parecer «normales».

El sexo aún se encuentra bajo la servidumbre del éxito, todo él. Vivimos en una sociedad hipersexualizada, que nos obliga a tener orgasmos cada vez más intensos.

Lo que el clítoris nos ofrece ya es mucho. Y será mejor si, a lo largo del tiempo, con los descubrimientos científicos y nuestras propias exploraciones, nos sentimos más arrebatadas y estamos dispuestas a experimentar un placer más intenso. Pero, para conseguirlo, debemos liberarnos de esa jodida presión. Si buscamos a toda costa lo mejor de lo mejor, nos puede salir el tiro por la culata. Es preciso acoger el clítoris con los brazos abiertos, una sonrisa en los labios, la mente relajada y el cuerpo receptivo. En relación con los hombres, no se trata de imponer una especie de superioridad femenina. Digamos más bien que pone los marcadores a cero, a pesar de que lleva años de retraso frente al placer masculino, que se ha contemplado y analizado desde hace mucho más tiempo.

★ Lo mejor es enemigo de lo bueno

Hombres y mujeres comparten la sensación de que siempre deben tener ganas de sexo (como si el deseo cayera del cielo), de que deben dar la talla (como si los fueran a castigar en caso contrario) y de que es necesario terminar una relación sexual con un orgasmo (porque, si no, eres un cero a la izquierda). Todas estas normas perturban nuestro bienestar sexual: a fuerza de querer ser sensacionales, no nos dejamos llevar por nosotros mismos ni por nuestra felicidad, sino que nos aferramos, todos y todas, a una serie de «Hay que» que dirige nuestras relaciones sexuales y nos desconcentra.

«Recuerdo una norteamericana, a la vez ceñuda y entusiasta, especie de *apparatchik* del erotismo, que hace treinta años me dio una lección (gélidamente teórica) sobre la liberación sexual; la palabra más recurrente en su discurso era la palabra "orgasmo"; conté las veces: cuarenta y tres. El culto al orgasmo: el utilitarismo puritano proyectado en la vida sexual; la eficacia contra la ociosidad; la reducción del coito a un obstáculo que hay que superar lo más rápidamente posible para alcanzar una explosión extática, única verdadera meta del amor y del universo», leemos en *La lentitud* de Kundera, novela publicada en Francia en 1995. Este extracto refleja la precipitación por llegar al orgasmo, el «puenteo» de la relación en sí para conseguir sus fines, el comportamiento frecuente —y aún actual— de no perder el tiempo, el cual, desde hace unos años, provoca como reacción la tendencia *slow* (que propugna hacer las cosas sin prisas).

Es cierto, tener un orgasmo está muy bien. Nos gusta mucho. Pero no tocar el cielo no es tan grave: en el camino hacia la gloria se encuentran miles de sensaciones, a cuál más agradable, que podemos experimentar durante el paseo. En este libro, de forma deliberada, hablaremos de las caricias que provocan placer, pero nunca mencionaremos las caricias que garantizan el orgasmo. Porque una cosa alimenta la otra, de modo que liberarse de todo objetivo es el mejor medio para dejarse sorprender por fuegos artificiales.

Solo nos gustaría subrayar una cosa: desde hace un tiempo se dice que es inútil buscar el orgasmo (por lo agotador que resulta) y que es mejor relajarse sin estar pendiente de alcanzar el séptimo cielo. Es cierto, pero debemos añadir un elemento importante: el hecho de que el orgasmo no sea una obligación no significa que debamos contentarnos con una relación que no acaba de gustarnos (porque la postura sea complicada, porque los preliminares sean torpes o porque todo vaya demasiado rápido). En otras palabras, aunque el orgasmo no sea la clave, tampoco se trata de dejar de lado nuestra satisfacción sexual.

Buscar la perfección no lleva a ninguna parte y es agotador. El clítoris no pretende meternos presión. No ha cobrado protagonismo para cuestionar nuestra sexualidad y nuestro acceso al placer. Tampoco debe asustarnos. Sería penoso y desalentador pensar que lo desaprovechamos, que es complicado y no sabemos utilizarlo, así como que debemos conseguirlo todo y gozar (absolutamente) gracias a él. El clítoris no es un desafío. Solo es una buena noticia.

El clítoris: lo que sabemos y

LO QUE DECIMOS SOBRE ÉL

En 2015, cuando Odile Fillod diseñó e imprimió el clítoris en 3D, mostramos su imagen a nuestros pacientes y a los hombres y las mujeres que entrevistamos con ocasión de nuestros artículos. Nos sorprendió la cantidad de caras atónitas que nos pusieron. Con los ojos entrecerrados o abiertos como platos, nos preguntaron de qué se trataba. ¿Era un animalito rosa? ¿Un personaje de dibujos animados? ¿Una Barbie «normal» (que se había tirado por un tobogán)? ¿Un Tamagotchi de pie? ¿Había que alimentarlo? ¿Había que hablarle? La gente se esperaba un guisante y se encontraba con un pulpo. Para quedarse de piedra.

Entonces nos unimos al movimiento clitoriano. Tenemos un gran interés (nos falta poco para creernos Falopio) en dar a conocer el clítoris. A veces nos entran ganas de enseñar la obra maestra de Odile Fillod a la gente que pasa, a los pasajeros del Thalys —el tren de alta velocidad— (esto va por Alex) y a todos nuestros ex (esto va por Caro), para que tomen conciencia de la realidad de este órgano. Así dispondrían de todos los elementos necesarios para familiarizarse con el clítoris y explorar la sexualidad —la suya o la de su pareja— desde un ángulo nuevo y positivo.

Mi cuerpo, mi sexo y yo

Conocer el propio cuerpo es la garantía de una sexualidad plena. Se dice con frecuencia y con razón, porque es totalmente cierto. Pero ¿eso qué significa? ¿Debemos repasar las láminas de anatomía? ¿Masturbarnos viendo una peli porno, con juguetes eróticos, delante de un espejo, a oscuras o haciendo el pino? En realidad, no hay ninguna lista de tareas.

Podemos empezar por observarnos con ayuda de un espejo. Tocarnos también, no necesariamente en una ocasión «placentera», sino tan solo recorrer con los dedos las diferentes partes de nuestra zona genital: los labios mayores y menores, el clítoris, el orificio vaginal… Todo ello con el fin de encontrarnos en terreno conocido y de saber también lo que enseñamos a nuestra pareja. Conocer nuestro sexo permite comprender mejor el intercambio sexual y sentirse en confianza. Cuando lo descubrimos en primer plano, podemos preguntar al espejo quién es la más bella: «tú» nos responderá. Es importante saberlo. Los complejos son frecuentes. El afán por el «bello sexo» es compartido cada vez por más mujeres. En 2015, el estudio de la Sociedad Internacional de Cirugía Plástica y Estética (ISAPS, por sus siglas en inglés) recogía los datos de la realización de más de 95.000 labioplastias (reducción de los labios vaginales) y más de 50.000 vaginoplastias (estrechamiento o ampliación de la vagina) en el mundo[1]. Es una enormidad. Además, en los últimos tiempos, la moda de la efusión de purpurina por la vagina o de maquillar la vulva suscita auténtico entusiasmo en Internet. Por no hablar de la guerra al vello ni de los desodorantes íntimos para oler bien…

Sin embargo, tu sexo es bello y huele bien, aunque no se parezca a la última actriz porno de moda. Recibimos constantemente imágenes que nos someten a los dictados del cuerpo perfecto y el sexo perfecto, de modo que es fácil sentirnos defectuosas. Enseguida nos vemos feas y poco presentables. De repente pensamos que nuestro cuerpo y nuestro sexo no proporcionarán ningún placer a nuestra pareja.

---

1. ISAPS International Survey on Aesthetic/Cosmetic, Procedures Performed in 2015.

¿Te gustaría encontrarte siempre con el mismo pene? Todos los sexos son diferentes —tanto físicamente como en su manera de funcionar—, por lo que descubrir el tuyo, solo el tuyo, es una misión excitante, tanto para ti como para los hombres o las mujeres con los que compartes momentos de intimidad.

Te puedes descubrir a través de autoerotismo. Incluso aunque tengas pareja: la masturbación no está reservada a las personas solteras, que supuestamente no tienen ningún amor. Para mucha gente, practicar caricias solitarias es una manera de explorarse en un entorno íntimo, más directo, donde cada caricia provoca una reacción inmediata. Además, con la masturbación sucede lo mismo que con las fantasías: no tiene límites. Puedes hacer lo que quieras y como quieras para experimentar placer: con el mango de la ducha, contra una esquina del colchón, con un juguete erótico —o con diez—, viendo una película porno (siempre que te dejes los calcetines puestos)… De este modo, podemos sacar algunas conclusiones: lo que nos gusta y lo que no, cómo y con qué ritmo, qué caricias, cuánta presión, qué objetos y en qué ambiente. Porque el placer se aprende. No es algo innato.

No existen recetas en materia de masturbación. La mujer que no desee practicarla no tiene ninguna obligación de hacerlo. No debe forzarse. Esta exploración se puede hacer o prolongar en pareja. Con otra persona nos comportamos y nos manifestamos de otra manera. Descubrimos un placer diferente del que experimentamos en solitario. La dimensión erótica es distinta. Nos encontramos en el terreno de la reciprocidad, los rodeos, los tanteos y las sorpresas.

Descubrimos todo un mundo según nuestras parejas, nuestra edad y nuestros deseos en ese momento. El descubrimiento de una misma, en solitario o en pareja, se produce con las distintas prácticas: probamos, nos gusta, volvemos a empezar o lo dejamos. Solo probando (siempre sin forzarse) y escuchándonos («¡Mira, me apetece tener una relación salvaje con música celta de fondo para ver qué tal!») nos damos la posibilidad de enriquecer el conocimiento que tenemos de nosotras mismas. Una vez que hemos identificado nuestras preferencias, jugamos con ellas. Podemos ponerlas en práctica si nos apetece o prescindir de ellas por una noche para recuperarlas en otro momento con más excitación. Si comemos aguacate de lunes a viernes, el sábado no nos entusiasmará tomar de aperitivo un gran cuenco de guacamole. Con el tiempo, contamos con un abanico de gustos para picar y saborear según nuestro humor.

En cuanto a los artículos de las revistas femeninas, siguen haciendo su labor. Sobre todo, porque es preciso hablar de la sexualidad de la mujer. Estos artículos nos animan a conocernos mejor, nos informan, nos liberan de sentimientos de culpa y nos ayudan sentirnos completamente normales por el hecho de ser diferentes.

Una cosa es segura en relación con el clítoris: es mejor saber que se extiende por el interior del cuerpo, que es más sorprendente de lo que parece bajo su pequeño capuchón y que es un órgano dedicado enteramente al placer. Esto equivale a tener un gran manojo de llaves para abrir las puertas de nuevas caricias, prácticas y sensaciones. Comprender cómo funciona el clítoris y tomar conciencia de lo que es, de su anatomía y su fisiología, nos proporciona confianza en nosotras mismas y en nuestra propia capacidad para derretirnos de placer. Máxime cuando, en la actualidad, siguen siendo un órgano poco descrito y divulgado.

El clítoris en los colegios

¿Cuándo oímos las dos hablar del clítoris por primera vez? Es difícil acordarse de ello, porque es como preguntarse por la primera vez que comimos lasaña o dimos un grito de dolor al depilarnos el bigote. Pero estamos seguras de una cosa: el clítoris no nos saltó a la vista, ni a los oídos, en el colegio. Nos lo encontramos entre las piernas sin saber gran cosa sobre él. ¿De dónde venía? ¿Cómo era? Habríamos podido consultar un diccionario, pero el *Larousse* de bolsillo, en su edición francesa de 1990, decía: «Pequeño órgano eréctil de la vulva». ¿Y en la actualidad? «Pequeño órgano eréctil del aparato genital externo de la mujer, situado en la parte anterior de la vulva». Si jugamos a descubrir los errores, podemos señalar que ahora se califica al clítoris como «externo»; por lo tanto, la definición es peor que en nuestra época. En 1990, se daba a entender que el clítoris solo era un pequeño botón, pero han pasado más de veinte años y sabemos desde hace tiempo que se extiende por el interior del cuerpo.

Hoy en día, en clase, se estudia el funcionamiento del sistema reproductor. Durante la eyaculación se expulsa el esperma, compuesto de espermatozoides, que después se encuentran con el óvulo. Entonces se produce la fecundación. Luego el embrión se fija en la pared del útero, crece y tiene lugar la meiosis, la mitosis y todo lo demás. Estos conocimientos son útiles porque es importante entender cómo se hacen los niños, ya que los adolescentes empiezan a ponerlo en práctica. Además, es fundamental comprender el ciclo de la mujer, sobre todo porque aún persiste el tabú sobre la regla y no se habla de ello lo suficiente (aunque ese es otro tema). Concienciar a los jóvenes sobre la anticoncepción y las enfermedades de transmisión sexual también es primordial.

Sin embargo, la sexualidad también debe abordarse desde la perspectiva del placer, porque a través de una visión positiva entendemos mejor la necesidad de protegernos y de estar de acuerdo con las prácticas sexuales que se nos planteen. Pero el placer no se encuentra en ningún programa, y el clítoris, mucho menos. Como no desempeña ningún papel en la procreación, no hace falta incluirlo en los manuales. El pene se menciona cien veces porque no está dedicado en exclusiva al placer, sino que conduce la orina y el esperma hacia el exterior del cuerpo.

En el informe sobre educación sexual publicado el 13 de junio de 2016 por el Consejo Superior de Igualdad entre Hombres y Mujeres (HCE por sus siglas en francés), podemos leer: «Los jóvenes, en particular las chicas, no conocen su cuerpo, y el placer femenino sigue siendo un tabú: el 84 % de las niñas de 13 años no saben representar su sexo, mientras que el 53 % saben representar el sexo masculino; además, una de cada cuatro chicas de 15 años no sabe que tiene un clítoris». Estas cifras proceden de una encuesta realiza a 316 alumnos franceses de tercero y cuarto de secundaria mediante cuestionarios anónimos[1].

El informe continúa su análisis en estos términos: «Esta "escisión cultural" y mental tiene efectos concretos sobre la sexualidad de los adolescentes y de los adultos. Las diferencias en lo relativo a la satisfacción y el placer sexuales (de los que el orgasmo forma parte) entre hombres y mujeres se explican sobradamente por el hecho de que no se permite a las chicas conocer su sexo de forma precisa y exhaustiva. El conocimiento del sexo femenino al mismo nivel que el masculino y la comprensión del placer femenino, así como de la función esencial del clítoris, son etapas imprescindibles para la construcción de una sexualidad positiva e igualitaria».

---

1. *Rapport relatif à l'éducation à la sexualité,* Rapport nº 2016-06-13-SAN-021, publicado el 13 de junio de 2016.

Nos hemos puesto en el lugar de los jóvenes que respondían a las preguntas sobre los órganos sexuales. La verdad es que nosotras también habríamos dibujado el pene sin problemas. Es preciso indicar que cada vez que íbamos al baño, entre la clase de Ciencias Naturales y la de Geografía, nos encontrábamos con treinta penes de todas las formas, perfectamente dibujados. De la vulva, en cambio, no había ningún dibujo (y sigue sin haberlo). Del clítoris, tampoco. Aunque la razón de que el falo y los testículos estén por todas partes reside en que son visibles. Si tuviéramos el clítoris colgando entre las piernas (y supiera hacer el helicóptero), quizás contaríamos con un modelo más evidente.

La representación en 3D del clítoris le da cuerpo por fin. Le confiere una forma, una presencia, una anatomía incluso. Quizás el día de mañana haya calado en las mentes. Los más hábiles de nosotros podrán pintar su silueta en las paredes, las mesas y las tarjetas de las fiestas de despedida. Mientras eso sucede, debe figurar en los libros de texto. En la actualidad, es fundamental incluirlo para que las chicas y los chicos conozcan mejor el cuerpo, y también para que tomen conciencia de una sexualidad positiva, que no solo se explique con preservativos y plátanos, que no solo trate de enfermedades de transmisión sexual y abortos.

De todos los libros de secundaria editados en el curso 2017-2018 en Francia, solo uno, que sepamos, incluye una representación del clítoris. Pero esto ya es mucho. Según la directora de la editorial que lo publica, el 20 % de los alumnos estudiarán con este manual. Las demás editoriales de libros de texto han reimprimido los viejos esquemas, donde el clítoris solo es una pequeña judía de un centímetro. ¡Qué le vamos a hacer! Un manual es un paso, un paso de gigante. También es la prueba de que las cosas avanzan en la dirección correcta.

★ Educar mejor

Recientemente, Michel Cymes ha publicado el libro *Quand ça va, quand ça va pas*[2] (Cuando funciona, cuando no funciona), una obra sobre el cuerpo humano para niños (¿de qué edad? El libro no lo indica). Está concebida de manera que cada parte del cuerpo se presenta primero desde la perspectiva de su buen funcionamiento (la nariz es el órgano del olfato) y luego se aborda lo que pasa cuando se estropea (a veces tenemos mocos, estornudamos…).

Contiene dos páginas dobles que nos han llamado la atención: el pajarito y el conejito. El pajarito está representado en su totalidad: la uretra, los testículos y el escroto. También se incluye una ampliación del glande y el prepucio, junto a un niño que se sonroja porque tiene una erección (y se le dice que es señal de estar sano). Se afirma que el pene hace pipí, que a veces se pone

---

2. Cymes, M., *Quand ça va, quand ça va pas,* Éditions Clochette, 2017.

duro y que eso es normal. El pequeño lector aprende así la utilidad, las reacciones y los problemas relacionados con su pene. En cuanto al conejito, es una pena, porque se representa con una vejiga y la uretra. También se lo llama «chichi», «seta» o «flor». Hay un dibujo de una niña haciendo pipí. Por supuesto que no es un libro sobre el placer sexual ni tampoco sobre la reproducción, pero corremos el riesgo de transmitir a las pequeñas lectoras el mensaje de que el conejito solo sirve para orinar.

¿Por qué no incluir un esquema de la vulva y el clítoris? Desde muy temprana edad, el niño descubre su cuerpo y su zona genital. Nota sensaciones diferentes, experimenta sus primeras emociones, tiene curiosidad, y es normal. Luego, la niña o el niño crecen y siguen explorando su cuerpo, también porque se comparan con otros: ven a papá y a mamá en la ducha (juntos o separados, eso no nos incumbe) e intentan saber si son como ellos.

Una versión simplificada pero completa del clítoris habría sido muy oportuna. Completa, sí, porque creemos que es mejor no poner nada a poner un botón. Seguimos el mismo principio que se aplica en el aprendizaje de la ortografía: aunque los niños no sepan aún leer todos los sonidos, debemos escribir siempre sin faltas porque ellos fotografían las palabras.

Un gran número de comentarios críticos sobre el libro de Michel Cymes ha invadido Internet. Incluso se ha creado una petición en la web change.org con el legítimo título «El conejito no es un agujero. ¡*Stop* a la desinformación de los niños!». Había conseguido, en el momento de escribir estas líneas, más de 10.000 firmas.

No ponemos como ejemplo el libro Michel Cymes con la intención de acusarlo de nada —le apreciamos mucho y nos gusta su trabajo—, sino para hacer patente el hecho de que queda mucho por hacer en materia de educación sobre sexualidad femenina, que aún continúa subrepresentada.

★ Entre conejito y clítoris, ¿qué decir a los niños?

Ningún padre se siente tranquilo ante la idea de que sus hijos aprendan en el colegio (o en los libros) lo que es la vulva, la vagina y el clítoris (lo mismo ocurre con el pene, por otra parte). Temen que esta información pueda despertar su sexualidad de forma prematura. Se puede comparar este temor con el de meter preservativos en la mochila del adolescente que se va de campamento: ¿es que un condón lo va a incitar a hacer el amor? Puede ser, pero al mismo tiempo, si se lanza, ¿será consciente de la necesidad de protegerse?

Hablar con los hijos de sexualidad en cuanto sienten la necesidad de hacerlo y desde la edad más temprana forma parte de las etapas de su aprendizaje. Padres y profesores contribuyen a ello y aportan las claves necesarias en términos de prevención (nos protegemos) y de valores (el sexo es una cuestión de respeto, no debemos forzarnos ni forzar a la otra persona).

Por supuesto, la idea no es despertar a los hijos una mañana diciéndoles: «¿Por qué no hablamos de cómo papá mete la colita dentro de mamá? Y del clítoris, ¿vale?» No hay un momento establecido. En la vida cotidiana, las conversaciones surgen con toda naturalidad; en primer lugar, porque el niño es curioso y observador; en segundo lugar, porque hay muchas situaciones que lo propician: cuando cambiamos el pañal de una hermana pequeña, cuando salen los anuncios en la tele, cuando el tito Pillo le da alegremente un pellizco en el trasero a la tita Simone... El niño hace preguntas espontáneas, solo quiere entender las cosas. Es importante responderle sin apuro y ser positivo (así es la vida) respecto a lo que le preocupa para transmitirle una imagen sana de la sexualidad. Si empezamos por cambiar de tema porque nos sentimos incómodos o contrariados, el niño pensará (como simple conclusión) que la sexualidad es un tema tabú. Si nos pilla desprevenidos, no estamos obligados a responder de inmediato (en caso de que necesitemos preparar la respuesta o de que la pregunta sea inoportuna), pero entonces le ofreceremos la posibilidad (y lo cumpliremos) de hablar de ello en las horas siguientes.

Si contamos a nuestro hijo que a los bebés los trae la cigüeña, usamos una imagen simpática, pero alimentamos falsas creencias que pueden crear confusión en la construcción de las representaciones mentales del niño O provocar la burla de amigos que estén mejor informados, lo que no será agradable para él. Hablar de sexualidad tampoco es prevenirle contra todo, porque, entonces, el niño tendrá la sensación de que el sexo es peligroso.

Muchos padres eligen cuidadosamente las palabras: no están seguros de saber tratar «las cosas del sexo». Tienen miedo de transmitir estereotipos, nociones de normas y reglas («Hay que…», «Debes…»). Estas inseguridades surgen de otro temor: el de confinar al hijo en una visión estrecha de la sexualidad. Sin embargo, los niños no se quedan tanto con el detalle como con el tono, el espíritu, la visión que se tiene de «esas cosas del sexo». El objetivo no es dar un curso completo como lo haría un doctor o un psicólogo, sino explicarlo de la manera más sencilla y positiva posible.

Es fácil decirlo, pero ¿eso cómo se hace? En nuestra opinión, una opción realista es emplear las palabras que el niño oye en el colegio junto con las «palabras de los mayores». De modo que podemos hablar del conejito, que es el sexo femenino, el cual se compone del pubis, los labios, el clítoris y la vagina, que son los términos que usan los adultos. Pero sin preocuparnos mucho por las palabras, porque no se trata de rompernos la cabeza buscando un vocabulario riguroso. Los niños suelen aportar sus propias palabras. Los padres que se sientan incómodos en esta situación se darán cuenta de que, si devuelven la pregunta al niño, este colaborará y compartirá lo que siente, así como la manera en que percibe las cosas a su edad. En algunos casos, bastará con confirmar lo que dice el niño; en otros, habrá que matizarlo.

En resumen, hablar de sexualidad con un hijo es cuestión de diálogo. El niño necesita respuestas a sus interrogantes, necesita avanzar por el camino de sus cuestionamientos, necesita que un adulto lo ilumine y lo acompañe en su desarrollo afectivo y sexual. Esto no significa que los padres deban contarle su vida sexual, ni tampoco interrogar a su hijo sobre el tema. Cada uno tiene derecho a su intimidad.

En la obra de Michel Cymes, algunos detalles sobre el conejito habrían sido muy oportunos, sin necesidad de que fueran un rollo. Se trata, simplemente, de no ocultar a los niños (en este caso, a las niñas) la anatomía de su aparato genital.

Pero volvamos a nuestros temas de mayores y a la anatomía detallada del clítoris.

Entonces, ¿cómo es el clítoris?

Te repetimos que es impresionante. Suponemos que tendrás ganas de descubrir el clítoris. Tu clítoris. Resulta complicado dar las medidas exactas de su anatomía. En primer lugar, porque existen particularidades individuales (ninguna tenemos un clítoris idéntico al de la vecina). En segundo lugar, porque los resultados difieren considerablemente según las técnicas de medición utilizadas. Por último, porque no todos los investigadores dan el mismo nombre a cada parte del clítoris. Por ejemplo, unos incluyen el glande en el tronco y otros no. En resumen, es como si no hubiera acuerdo sobre el hecho de que la pantorrilla forma parte de la pierna o de que París está en el norte de Francia.

No obstante, aunque haya cuestiones que aún no estén perfectamente definidas, tampoco son imprescindibles para comprender la anatomía del clítoris y su función en el placer. Lo que nos interesa, en primer lugar, es entender que el clítoris, tal como se identifica generalmente, solo es la punta del iceberg.

Todo el clítoris mide una media de 9 a 11 centímetros, y el glande, 1 centímetro[1]. El glande es la parte exterior del clítoris y se sitúa en la zona superior de la vulva. Está total o parcialmente cubierto por un pequeño capuchón protector, llamado también prepucio. En el glande se concentran una gran cantidad de terminaciones nerviosas, y mide 1 centímetro de media. Cada mujer tiene su propio glande, igual que cada una tiene su propia nariz: prominente, respingona, discreta o quemada por el sol (pero que nadie se crea que tener una nariz grande es sinónimo de clítoris grande, salvo si estás firmemente convencida de que unas manos grandes son reflejo de un gran pene). El glande tiene una concentración nerviosa muy superior al resto del clítoris, lo que explica que sea extremadamente erógeno. Miles de terminaciones nerviosas (más que el pene) permiten sentir el calor, el frío, el aliento, la presión, la suavidad o el placer, en resumen, todos los matices de las caricias, ya sean leves o intensas, ya se practiquen con un cubito de hielo o con un juguete erótico dotado de efecto calor. ¡Y solo estamos hablando del glande! Una pequeña (y

1. Pauls, R. N., «Anatomy of the clitoris and the female Sexual Response», *Clinical Anatomy,* 2015, 18, 376-384. Ginger, V. A.; Cold, C. J. y Yang, C. C., «Surgical anatomy of the dorsal nerve of the clitoris», *Neurourol Urodyn,* 2011, 30 (3), 412-416.

preciosa) perla que posee un enorme potencial para el goce (casi dan ganas de mirar el dedo pequeño del pie de otra manera).

Cada una con su tipo de glande

Évelyne

Glande emergente: sobresale como un pequeño pene.

Sandra

Glande en perla, lo que se llama «botón»: forma una bolita.

Lou

Glande discreto: casi no se ve. El capuchón forma una U invertida que lo envuelve.

Antonia

Glande oculto o escondido: solo se ve el capuchón.

Noémie

Glande con un pirsin en el capuchón.

Continuamos el viaje y descubrimos el tronco, que prolonga el glande en el interior del cuerpo (igual que el vástago del pene), así como las raíces, que rodean la uretra y la vagina. En el lugar donde nacen las raíces emergen los bulbos del vestíbulo, que se encuentran bajo los labios mayores y contra la pared vaginal.

El clítoris en perspectiva

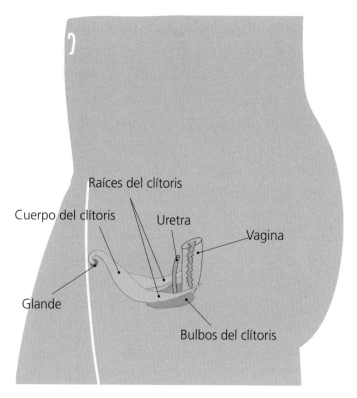

Raíces del clítoris

Cuerpo del clítoris

Uretra

Vagina

Glande

Bulbos del clítoris

Existen varias maneras de denominar a este conjunto clitoriano: órgano bulboclitoriano, complejo clitoriano o incluso, simplemente, clítoris. Pero no es tan sencillo hablar de «clítoris» a secas cuando, tras este término solo se ha visto durante mucho tiempo un grano de café, mientras que, en realidad, hay todo un imperio.

Esta descripción puede parecer compleja (y, de hecho, lo es), formidable o rebuscada, pero, una vez que se visualiza mínimamente este órgano bulboclitoriano (lo ponemos aquí porque nos gusta), comprendemos el punto de partida del placer femenino y deseamos que se exprese con más frecuencia. Sobre todo porque el clítoris, en este momento, aún tiene muchas cosas que decirnos sobre su anatomía. Pero, antes de hacerlo, desea plantearnos algunas exigencias.

Anatomía del clítoris

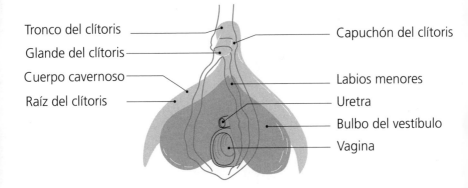

Tronco del clítoris

Glande del clítoris

Cuerpo cavernoso

Raíz del clítoris

Capuchón del clítoris

Labios menores

Uretra

Bulbo del vestíbulo

Vagina

Las exigencias

DEL

CLÍTORIS

Como hemos visto, el clítoris no es un guisante rosa, sino un órgano asombroso que se extiende por el interior del cuerpo. Está dedicado por completo al placer femenino, en otras palabras, solo existe para eso: para que nos sintamos bien (lo que no es poco). ¿Un regalo de la naturaleza? Sin duda. Cuando abrimos el paquete descubrimos la estructura de este importante órgano, pero también su lista de exigencias o de particularidades. Llamémosle como queramos. Digamos que el clítoris ofrece sus placeres con ciertas condiciones (nada malévolas y muy asequibles). El clítoris no es una madrastra inconmovible; simplemente, necesita sentir que estamos dispuestas a dialogar con él. Necesita detectar una conexión con nosotras (es un sentimental) para expresarse y manifestar toda su generosidad.

Al ponerte un tampón, ¿has experimentado alguna vez una sensación agradable? No (y nosotras tampoco). Porque realmente no piensas en el sexo. El ejemplo es un poco trivial, pero demuestra una cosa: aunque intentemos acariciarnos, si no estamos receptivas a las caricias porque no estamos de humor o porque no es el momento ni el lugar no sentiremos nada o casi nada.

Sin embargo, con el fisio a veces nos pasa. Esa es nuestra experiencia. En ocasiones, nos recorre el cuerpo una ligera tensión sexual porque nuestro imaginario erótico se activa (la camilla, sus manos grandes...) y nuestros fisios (el tuyo no lo sabemos) no se parecen a un tampón. Se da un auténtico contacto humano, tanto en sentido estricto como figurado. Pero, aunque conversemos con nuestras fantasías mientras recibimos un masaje casi sensual, siempre mantenemos la compostura: no hemos venido a desnudar a Jean-Pierre, el fisio, sino a tratarnos nuestra pobre hernia discal. Pongamos ahora el ejemplo de una noche con nuestra pareja: hemos salido a cenar, todo ha sido muy agradable, nos hemos reído mucho, hemos vuelto andando, hemos cruzado la ciudad de noche, estaba preciosa… (¡cuántas emociones!). Llegamos a casa y sentimos inflamarse el deseo sexual según ascendemos los peldaños de la escalera. Hacemos el amor. Y nos encanta. Disfrutamos mucho. Pero si todo ha sido bueno y agradable, si la relación sexual ha sido una experiencia compartida y positiva, de placer y éxtasis, se debe a que hemos puesto la cabeza en ella, simplemente. Teníamos el estado mental adecuado y queríamos que eso durara siempre.

En la vida diaria, todas tenemos la experiencia de «poner la cabeza en ello». No siempre nos apetece ir al cine o comernos la ensalada de atún de la suegra, pero lo hacemos de todas maneras, hacemos un esfuerzo. Esforzarse por algo no es siempre un mal reflejo. A veces, la zambullida tiene un efecto beneficioso. Solo nos faltaba un buen empujón para disfrutar intensamente, contentas de haber hecho el esfuerzo o haberse dejado liar. Pero todo depende del punto de partida: en ocasiones, el camino es largo, malo, y cuando llegamos al sitio, no nos gusta. Una parte de nosotras sigue malhumorada y se niega a centrarse en el momento presente.

Con el sexo pasa lo mismo: hay días que no nos apetece, otros que no se dan las circunstancias favorables, otros en los que tenemos la mente en otra parte (en cosas complicadas como el trabajo, la administración, contrariedades diversas, tareas pendientes…). En esos momentos, conectar con el placer sexual requiere un gran esfuerzo. Por más que conozcamos todos los trucos para estimular nuestro cuerpo y, en concreto, nuestro clítoris, nada lo logrará (aunque seas sexóloga o periodista especializada en sexualidad), siempre nos faltará algo. Para reaccionar a las caricias, el clítoris necesita saber que estamos contentas con su presencia. En resumen, elige el momento, el lugar y la manera, según lo que percibe en nosotras y nuestra disponibilidad para acogerlo: no llamamos a la puerta de un amigo con una botella de champán si pensamos que lo vamos a molestar.

Cada una con su verdad

Haz la prueba de tocar a dos mujeres en el mismo lugar (si lo tienes al alcance de la mano), con la misma presión, con el mismo dedo, en el mismo ambiente y con la misma sonrisa: cada una sentirá una cosa completamente distinta. Todo depende de la manera en que cada mujer percibe y entiende su sexualidad. Todo depende de su historia, de las parejas que ha tenido, de sus hábitos masturbatorios, de sus fantasías y de la importancia que les conceda. Todo depende de su manera de investir sus órganos; según el valor que tengan para ella, una zona es más sensible que otra—. En este sentido, hablamos de creencias. Algunas son personales («No siento nada en la postura de la cuchara», «Nunca me ha puesto mucho el ombligo, ¿por qué se empeña entonces?», «Estoy segura de que mi clítoris es el único del planeta que solo posee tres terminaciones nerviosas»), otras nos las ha transmitido la sociedad y se presentan en forma de reglas («Si no tengo un orgasmo vaginal, no soy normal», «Es la primera noche que salimos, pero no debo acostarme con él hasta la tercera», «Hay que disfrutar cada vez», «Es mejor hacer una felación»). A base de oírlas y leerlas, las hacemos nuestras y nos las tragamos como canapés de un cóctel. Creencias y reglas se alimentan mutuamente: si estoy convencida de que no me gusta la postura de la cuchara, oigo sin cesar que es una posición para mujeres embarazadas (y yo no lo estoy) y, además, la practico la primera noche, corro el riesgo de perderme su potencial porque estoy demasiado condicionada para no apreciarla. Se habla entonces de profecías autocumplidas. Sin embargo, tenemos ante nosotras miles de caminos que podemos recorrer. Montones de posibilidades.

Sería bueno que cada mujer y cada hombre llegara a identificar sus pequeñas singularidades para descartar las creencias que proceden de su interior, así como las que vienen de fuera; las creencias nos aprisionan, cuando todos somos diferentes y todos somos normales.

Es simple: está lo que «nos tiene» que gustar, lo que «creemos» que nos gusta, lo que nos gusta realmente y lo que nos podría gustar. Estos dos últimos supuestos son los pilares que nos interesan: yo, Alexandra, Caroline o Josette, ¿qué me gusta en el fondo?, ¿qué es lo que quiero? ¿qué deseo ahora, en este momento? Y mañana, ¿qué novedad podría explorar? ¿A qué cosas podría abrirme? La sexualidad es un ejercicio, en cierto modo. Nos ejercitamos en ser nosotras.

¿Qué relación hay entre nuestras creencias, la presión de la sociedad y el clítoris? Hemos oído tantas veces que el clítoris era «pequeño», «externo», «menos importante que la vagina», que podríamos considerarlo un órgano discreto, estupendo para el aperitivo pero sin mayor trascendencia, lo que influye negativamente en nuestra relación con él, en nuestras sensaciones y en nuestra curiosidad. Si superamos esas ideas preconcebidas, multiplicamos las posibilidades de descubrir nuevas sensaciones clitorianas. En otras palabras, se trata de propiciar las condiciones físicas adecuadas, de decir que sí, que podemos sentir cosas fantásticas, chispeantes, diferentes, conocidas o desconocidas. De este modo, nuestro cuerpo estará alerta y podrá disfrutar con cada caricia.

Decir «sí» al placer 8

Es preciso tener un buen estado de ánimo y una buena disposición física para experimentar positivamente el efecto de las caricias. Con este fin, hay una forma de preparación que se hace sin darnos cuenta y que se puede realizar conscientemente para superar las limitaciones.

★ Mucho de esto, mucho de lo otro

A veces tenemos numerosos complejos que expresamos con «mucho» o «poco». Tenemos mucha tripa, mucho culo, mucho vello, muchos principios y poco pecho, pocos dientes o poca marcha. Tenemos inseguridades, y el sexo se impone a veces como una prueba. Necesitamos apagar la luz, taparnos con un picardías y un poco de tiempo para sentirnos en confianza y olvidar nuestros pensamientos obsesivos mientras hacemos el amor. Los complejos tienen el defecto de limitarnos en nuestra sexualidad porque el miedo nos inhibe. ¿Cómo voy a probar el perrito, con este culo tan grande? Y así sucesivamente. Todas las estrategias que utilizamos, como la penumbra o no quitarnos toda la ropa, no son mecanismos de evitación ni suponen un freno para nuestro bienestar sexual, solo nos protegen. Compartir una relación sexual en las condiciones elegidas, con las que nos sentimos cómodos, ayuda a dejarse llevar poco a poco. Pero esto no impide que nuestros dichosos complejos se vuelvan locuaces y nos susurren al oído (en plena postura del perrito, con las persianas bajadas) que la celulitis puede ser fluorescente.

Reconciliarnos con nuestro cuerpo fuera de la cama es más sencillo. Habrás observado que después de hacer deporte te sientes mejor, como si hubieras ganado músculo y se notara de inmediato. También lo puedes experimentar después de darte un baño o cuando llevas un vaquero nuevo. No son formas de pavonearte, sino momentos de reconciliación con tu cuerpo. No basta con un pantalón vaquero para sentirte mejor de manera duradera, pero es un paso que das, que te ayuda vivir unos días sin examinarte ni machacarte. Para, a la larga, ganar autoestima y reírte de las imposiciones. Porque ahí está también la causa de nuestros complejos. Los cuerpos perfectos se exhiben por todas partes. Nos preguntamos cómo tener uno, pero, salvo que nos retoquemos con Photoshop mientras practicamos la postura del misionero, no encontraremos la solución. Somos como somos, seres humanos con defectos, y esos defectos también hacen el amor, porque lo más importante en el intercambio de placer sexual es ser uno mismo, ser alguien, ofrecer su personalidad, sus particularidades, ser diferente de la vecina o de la modelo de la portada, igual que nos gusta descubrir al otro, con sus cosas únicas. Eso que desprendemos es nuestra esencia. Un «todo» que, si conserva la sonrisa y le importa un comino haberse dejado un pelo en el ombligo, se lo pasará bomba en los brazos de su pareja, sin pensar en nada. En resumen, es la felicidad de experimentar la unión con el otro, con las persianas bajadas y las medias puestas.

★ Un par de mariposas en el estómago

Imagínate que tu pareja tiene mal aliento (esta es la parte menos glamurosa del libro, junto con Freud) o que acabas de conocer a un hombre muy simpático que de repente empieza a contar chistes malos, o que te parece un poco raro porque te propone hacer el amor con su presentador de televisión favorito de fondo.

«El otro» (no el presentador, sino tu pareja), si podemos llamarlo así, desempeña un papel fundamental en nuestra capacidad para dejarnos llevar sexualmente —por él, pero, sobre todo, por nosotras—. No decimos que deba ser perfecto ni que nuestro placer sexual dependa de él, ¡ni mucho menos! Simplemente, es necesario que nos sintamos bien, solo bien, con él.

Tampoco hace falta estar enamorada: las mariposas en el estómago no son una condición indispensable para el placer (basta con un par), aunque los sentimientos refuerzan el vínculo y la conexión. Pero sentirnos cómodas, con confianza, en brazos de alguien que nos anima a ser nosotras mismas sin pensar en mil cosas («¿Se fijará en mi barriga?», «¿Cómo lo dejo inconsciente si me propone otra vez que usemos esposas?», «¿Por qué no será como mi ex?»), permite pasar un buen rato, completamente entregadas. Es como un viaje en coche: para estar tranquilas y disfrutar del paisaje necesitamos sentir que con ese conductor vamos seguras. Cada mujer tiene sus expectativas y sus límites: todas necesitamos un entorno específico para disfrutar al máximo.

★ Encontrar tiempo para el placer

La cuestión del tiempo siempre está presente: ¿cuándo vamos a hacer el amor, con la vida diaria tan ocupada que tenemos? Los *rapiditos* —deprisa y corriendo, sobre la mesa de la cocina, antes de salir pitando para el trabajo (representación estereotipada por excelencia)— son excitantes porque son fugaces, espontáneos e intensos, porque los amantes se devoran el uno al otro con los pantalones por las rodillas. Sin embargo, la exploración sexual que permite disfrutar de caricias más tiernas, llenas de sorpresas, requiere más tiempo. Nada de mirar el reloj o agobiarse por llegar con retraso o por tener una olla en el fuego. Para disfrutar de las caricias es necesario dedicarnos tiempo. Puedes fijar una cita romántica aunque convivas con tu pareja desde hace años. Abrid vuestras agendas, como cuando os conocisteis, y reservad la noche del martes para pasarla juntos. No, no es triste programarlo por adelantado, al contrario, este hecho aumenta el deseo y nuestra buena disposición. Esperar a que llegue el día de la cita, planear una actividad divertida (con noche incluida), es tremendamente excitante y nos pone de buen humor. ¿Quién no ha disfrutado nunca del viaje al destino de vacaciones? Es una experiencia muy intensa y agradable, porque aumenta la tensión ante una perspectiva tan estupenda.

Encontrar tiempo también es dejar de pensar que una relación sexual dura dos horas. A menudo tenemos la impresión de estar al principio de una sesión de natación: coger el coche, ponerse el bañador, pasar por la ducha helada, nadar, salir, darse otra ducha, secarse el pelo, peinarse… Entre el *rapidito* (cinco minutos) y la peli porno (cinco horas), hay un mundo más realista. Hacer el amor no significa modificar nuestra organización del tiempo, de la semana y de los próximos diez años.

Por último, tomarse el tiempo necesario también es escucharse. A veces, una simple caricia en el brazo puede excitarnos. Se despierta el deseo de hacer el amor, pero no lo escuchamos. Lo ahogamos porque el momento nos parece inoportuno. Quizás lo sea si estamos en la cola del supermercado, pero otras veces viene de perlas. Se puede coger la ocasión al vuelo y pasar de la película o del trabajo pendiente. No se va a hundir el mundo si alteramos nuestra planificación.

★ Renunciar al control, ¿un cajón de sastre?

La noción de renunciar al control ha sido un quebradero de cabeza para las dos. Seguro que has oído mil veces ese consejo. Y mil veces has pensado que no significaba nada, que era un concepto de desarrollo personal tan indigesto e inútil como «Toma distancia y todo irá mejor» (vale, ¿y luego qué?). Sin embargo, con el tiempo, hemos aprendido a entender lo que oculta esta noción mucho más fácil de decir que de aplicar.

Cuando trabajamos en este libro (el que tienes en las manos) durante una semana entera, juntas, nos dimos cuenta de que el primer día todo era precipitación. Por la mañana, al despertarnos, pensábamos un montón de cosas a la vez: el cuarto capítulo, el café que se sale, el siguiente estudio que debíamos analizar, la próxima botella de vino que íbamos a comprar (de premio). Por la noche, estábamos cansadas (pero hidratadas), con la sensación de habernos dispersado y de tener dos cabezas a punto de estallar. Sin embargo, sabíamos perfectamente que solo era cuestión de relajarnos e ir paso a paso para avanzar con eficacia. Desde el día siguiente, trabajamos por etapas: primero nos concentramos en este punto, luego ya veremos. Cada cosa a su tiempo.

En concreto, cuando renunciamos al control dejamos de desear estar encima de todo. Puedes observarlo en la vida diaria: quieres gestionar, prever, calcular, imaginar, anticiparte… No vives el momento presente, sino que estás enganchada a tus ocupaciones y tu mente parece el cuarto de un adolescente desordenado. Es sencillo identificar las ocupaciones: la llamada pendiente, la compra, cocer la pasta, entregar el expediente… Ahora bien, el hecho de pensar en todo eso a la vez no soluciona nada. Asumir las ocupaciones una a una, según se presentan, permite ahorrar energía y vivir el momento presente: ahora limpio los cristales, luego me hago un café, después me pongo los zapatos… Una ocupación detrás de otra. Y respiramos entre medias. Disfrutamos de estar aquí, ahora, un minuto tras otro, descargando la mente de su enorme lista de tareas (que se puede apuntar por escrito para «alejarla» de nosotras).

Es una cuestión de indulgencia con una misma: no nos merecemos correr de un lado a otro y tener mil cosas en la cabeza. No podemos hacerlo todo a la vez, no somos perfectas y nadie nos ha pedido que lo seamos (además de nosotras mismas). Nos sentimos, erróneamente, obligadas a dar la talla en todos los campos y ser *superwomen*: hay que ocuparse del embarazo, la vida familiar, la sexualidad, el trabajo, la casa, los padres, las mascotas, el DIU… Luego habrá que organizar las vacaciones en Canadá, hacerse una limpieza dental, apuntarse a baile, dejar de fumar y perder tres kilos. Es agotador.

Renunciar al control en la vida diaria y aprender a respirar permiten, bajo las sábanas, compartir un momento íntimo en el que estás totalmente presente. Dicho de otro modo, la renuncia al control se experimenta primero fuera de la cama: liberamos la mente con más frecuencia y durante más tiempo. Es una buena costumbre que podemos adquirir, un reflejo que se pone en práctica con calma. De este modo, cuando nos encontremos con nuestra pareja, tenemos la mente libre y el horizonte despejado, porque hemos aprendido a concentrarnos en cada momento, en cada hora y en cada minuto.

★ Cuando pensamos demasiado

Renunciar al control es darnos permiso para relajarnos en la vida diaria y disfrutar del momento. Pero con frecuencia comprobamos que una serie de pensamientos obsesivos nos llaman al orden, aunque sean las nueve de la mañana o las doce de la noche (y estemos en brazos de nuestra pareja). Los pensamientos obsesivos no son siempre negativos. Podemos estar preocupadas por el color de la habitación del bebé o por un proyecto profesional apasionante. Es normal pensar mucho.

Para conectar con el acto sexual, el beso en el cuello o la mano en el trasero, la técnica de detención del pensamiento de Cautela[1] es muy eficaz: consiste en visualizar una señal de *stop* cada vez que aparezca un pensamiento parásito y concentrarse en el instante presente, en lo que nos excita aquí y ahora.

Sin embargo, no se trata de eliminar violentamente los pensamientos haciendo un esfuerzo por ignorarlos. Prueba a decirte: «No voy a pensar en eso...» y pensarás. Es contraproducente. ¿Quieres un ejemplo? No pienses de ninguna manera en un oso polar. Dentro de diez minutos tampoco lo hagas, sigue sin pensar en un oso polar. ¿Resultado? Pensarás en ello. Este experimento del oso polar fue realizado por primera vez en 1987 por Daniel Wegner, investigador a la sazón de la Universidad de Virginia[2]. Su estudio se centraba en los pensamientos intrusivos y la manera en que se transforman en obsesiones. Para ello, pidió a un grupo de participantes que dijeran, durante cinco minutos, todo lo que se les pasaba por la cabeza. A otro grupo le dio las mismas instrucciones, pero con una limitación: no pensar en un oso polar. Por supuesto, ya te imaginas el resultado: las personas del grupo que no debía pensar en el oso polar se sintieron obnubilados por el mamífero. Cuanto más nos empeñamos en dejar de pensar en una idea, más la hacemos presente y la reforza-

---

1. Cautela, J., «Covert negative reinforcement», *Journal of Behavior Therapy and Experimental Psychiatry,* 1970, 1, 273.

2. Wegner, D. M., Schneider, D.; Carter, S. y White, T., «Paradoxical effects of thought suppression», *Journal of Personality and Social Psychology,* 1987, 53, 5-13.

mos. El investigador explicó que esta represión «voluntarista» provocaba un efecto rebote, también llamado «efecto irónico». Daniel Wegner nos metió en la cabeza un oso polar (no pensamos en otra cosa desde que escribimos el libro), pero también aportó una solución. Realizó un nuevo experimento en el que dijo a los participantes que, si pensaban en un oso polar, podían concentrarse inmediatamente en un coche rojo. Los participantes pensaron menos en osos polares, pero seguramente más en coches rojos.

Este experimento demuestra que concentrarse de inmediato en otra cosa, a ser posible positiva (en relación con el coche rojo, no sabríamos decir si es positivo o no), permite ahuyentar el pensamiento obsesivo. Durante la relación sexual, concentrarse en las sensaciones que experimentamos, que son agradables, nos ayuda a liberarnos. Para liberarnos del oso polar, pensamos en esa caricia en el clítoris, en ese rostro que amamos o en la sensación de abrazar a nuestra pareja.

Conectar con nuestro cuerpo

Aunque renunciemos a controlarlo todo y vivamos en un mapa de carreteras lleno de señales de *stop,* no siempre conseguimos conectar con las sensaciones que nos invaden. Hay una diferencia entre no pensar en un oso polar y sentir mil estremecimientos a lo largo del cuerpo (los estremecimientos son el equivalente del coche rojo). Tender puentes entre la cabeza y el cuerpo, conectar con él y saborear intensamente lo que nos insinúa es posible. Imaginemos que el clítoris hablara, pero que estuviera un poco afónico: ¿cómo lo oiríamos? Le podríamos dar un jarabe, pero aguzar el oído es más fácil (según las últimas noticias).

★ Te observo y te huelo

Es posible trabajar nuestra concentración a través de los cinco sentidos. Todos somos más sensibles a unos sentidos que a otros: ¿preferimos escuchar el ruido de la lluvia o sentirla?, ¿aspirar el aroma de una taza de café o beberla? Todo depende de las emociones que sintamos, de nuestras costumbres y nuestros recuerdos…

En la cama, nuestros cinco sentidos están más o menos activados según nuestras preferencias. Conocerse a una misma es una clave para conectar con las sensaciones que se producen durante la relación sexual. Para algunas personas, lo principal es la vista: contemplar un cuerpo y observar el acto sexual les excita. A otras les gusta concentrarse en los sonidos, como una respiración jadeante, una palabra procaz o un cachete en la nalga… Hay también a quien le gustan los olores, ya sea a sudor o a crema solar… Una vez que conocemos los sentidos que más nos transportan, podemos hacernos las siguientes preguntas: «¿Qué veo (su sexo o su sombra)?», «¿Qué oigo (su respiración o la tele de fondo)?», «¿Qué olor me estimula las fosas nasales (su sudor o su perfume)?»

★ Las virtudes del masaje sensual

Los masajes se consideran un acto preliminar, solo un acto preliminar: nos damos un masaje y hacemos el amor. O, más bien, nos damos un masaje para hacer el amor. Pero darse un masaje es un acto en sí que se puede compartir en pareja sin que tenga por finalidad, necesariamente, una relación sexual. Con frecuencia se recomienda la práctica del masaje porque permite aprender o recuperar la percepción de los estímulos sexuales: descubrimos las reacciones de nuestra pareja a nuestras caricias, pero también nuestras propias reacciones a sus caricias.

Poco a poco, el masaje puede derivar hacia las zonas genitales, después de habernos dedicado a recorrer el cuero cabelludo, la nuca, la espalda, las rodillas y todas las partes del cuerpo que se deseen. Este acto es un ejercicio de sensibilización corporal no genital y genital, como exponían Master y Johnson mediante el *sensate focus*[1] o focalización en los sentidos. La idea es adentrarse en otra dimensión del placer, la de la sensualidad, menos sexual y menos coital. Por lo general, se prohíbe concluir la práctica del *sensate focus* con una relación sexual. ¿Por qué? Para desterrar la idea de resultado. Si el objetivo es la penetración, disfrutamos menos de las caricias que recibimos y de las posibilidades que nos brindan porque vamos derechos hacia nuestra meta. Pasamos rápidamente del relax al sexo y el efecto positivo

1. Masters, W. H. y Johnson, V. E., *Les mésententes sexuelles et leur traitement*, París, Laffont, 1971. Traducción en francés de *Human Sexual Inadequacy*.

del masaje se disipa en menos que canta un gallo. Sin embargo, es agradable mantener esa complicidad compartida, hablar de ello, dormir juntos… Y cuanto más nos tocamos (con o sin sexo de por medio), más ganas tenemos de tocarnos gracias al aumento de oxitocina (la hormona del apego) que provoca el contacto físico. La oxitocina desarrolla y cultiva en nosotros una sensación de seguridad y de bienestar, así como el deseo sexual. A fuerza de practicar el masaje, se puede llegar con más facilidad al orgasmo[2].

Ahora bien, nada de meternos presión queriendo practicar el mejor masaje de la historia: no estamos en el fisio, sino en nuestra casa, con un ambiente agradable (luz tamizada, música de fondo…). Todo el mundo está contento y nadie pretende alcanzar la perfección, solo hacer sentir bien al otro.

¿Y qué pasa si decidimos precipitarnos hacia las zonas genitales para despertar al cuerpo de golpe? ¿Qué cambia entonces? Por lo general, al cuerpo le gusta ir despacio. Avanzar de forma progresiva aumenta la probabilidad de disfrutar de las caricias. La precipitación puede provocar dolores si no estamos lo bastante lubricadas, o puede crisparnos. Nos ponemos tensas cuando la caricia no es «superagradable», cuando no es «cálida». Es como tomar un puré frío, no está bueno y le hacemos ascos. Por su-

---

2. Aubin, S., «Dysfonction orgasmique chez la femme», en Poudat, F. X., *Sexualité, couple et TCC: les difficultés sexuelles,* vol. 1, Issy-les-Moulineaux, Elsevier Masson, 2011, 149-165.

puesto, a veces no necesitamos esa preparación física: tenemos tantas ganas de hacer el amor, que ya hemos pasado por los preliminares en nuestra cabeza y se nos ha despertado el deseo. En estos casos, es inútil echar el freno porque tenemos ganas de una relación más impetuosa.

★ Cerrar los ojos y...

Cuando hacemos el amor experimentamos un abanico de sensaciones, unas veces en distintos lugares, otras veces concentradas en el vientre, en el pubis, en el sexo o, incluso, en el pecho. Cada mujer elige sus palabras para describirlas: hay quien habla de mariposas, de bolas de fuego y hasta de picores... Según aumenta la excitación, estas percepciones internas y personales son cada vez más fuertes. Es agradable sentir cómo crecen en intensidad porque nos proporciona una imagen positiva de nuestro placer. Entonces sentimos más placer y la excitación aumenta también... Un auténtico juego de pimpón.

Algunas mujeres aprenden a concentrarse en sus sensaciones gracias a actividades como el yoga, la sofrología o la relajación. Con estos métodos, se aprende a trabajar con la conciencia de nuestro cuerpo. Comprendemos mejor qué nos dice, cuándo, por qué y dónde.

Seguro que conoces el concepto de plena conciencia, del que tanto se habla ahora. La plena conciencia consiste en ser más consciente (como su nombre indica) de las sensaciones que experimentamos aquí y ahora. En realidad, no la practicamos en la vida diaria porque hacemos montones de cosas de manera automática. Ducharse está bien porque así nos lavamos, pero es difícil describir a continuación el olor del gel, la temperatura del agua y los beneficios que hemos experimentado cuando corría por nuestro vientre. La plena conciencia se define como «la conciencia que surge al prestar atención de manera voluntaria, en el instante presente y sin juzgar, a cómo se despliega la experiencia momento a momento»[3].

Salimos de la ducha y nos metemos en la cama: ¿qué sensaciones corporales nos invaden? ¿Qué emociones? La finalidad no es controlar el pensamiento, sino dejar que se manifieste espontáneamente lo que sentimos, salirnos del camino trazado. Cuando conducimos, hacemos gestos automáticos y llegamos a nuestro destino sin ser capaces de contar los pequeños detalles del itinerario (excepto si se nos ha cruzado un elefante, porque es algo sorprendente). Esta realidad fue puesta de relieve por Kabat-Zinn, André y Maskens[4], quienes explicaron que la plena

---

3. Kabat-Zinn, J., «Mindfulness-based intervention in context: Past, present and future», *Clinical Psychology: Science and Practice,* 2003, 10, 144-156.

4. Kabat-Zinn, J., André, C. y Maskens, C., *Au coeur de la tourmente, ma pleine conscience, MBSR, la réduction du stress basé sur la mindfulness: programme complet en 8 semaines,* Bruxelles, De Boeck Université, 2009.

conciencia consistía en salir de nuestros automatismos para saborear la experiencia presente.

Aunque nuestras relaciones sexuales sean más o menos siempre iguales (posiblemente), nada impide que podamos redescubrirlas conectándonos segundo a segundo a la plena conciencia. Algunas investigaciones sobre la plena conciencia han demostrado que podía aumentar la satisfacción sexual.[5]

★ El fontanero y su tubería

¿Y si, para predisponer nuestro cuerpo y despertarlo al amor, recurriéramos a pensamientos eróticos? Pueden ser fantasías, recuerdos agradables (un sueño, un ex…), así como prácticas que nos gustaría realizar o recibir. Estamos en el campo de la proyección mental. Aquí es nuestra imaginación la que se pone a currar: llamamos a su puerta y acogemos todas las cosas excitantes que nos ofrezca.

5. Brotto, L. A., «Mindful sex», *Canadian Journal of Human Sexuality,* 2013, 22 (2), 63-68. Mayland K. A., «The Impact of Practicing Mindfulness Meditation on Women's Sexual Lives» (tesis doctoral), San Diego, CA, California School of Professional Psychology, 2005.

Los estudios señalan que utilizar con frecuencia las fantasías, de cualquier tipo, favorece el aumento del deseo sexual[6]. Además, Jones y Barlow demostraron que las fantasías sexuales pueden surgir del interior de la persona o estar provocadas por algo que leemos o que vemos e, incluso, ambas cosas a la vez[7].

Una fuente muy eficaz de fantasías sexuales es la literatura erótica. No dejes de descubrirla en cualquier librería. Esta afición permite adquirir o enriquecer nuestro repertorio de fantasías. La diferencia con el cine porno es que uno mismo se imagina la escena y la desarrolla a su manera: de este modo, se adapta perfectamente a nosotros.

Además, cuando leemos, nos relajamos. La lectura aumenta la esperanza de vida si le dedicamos treinta minutos al día (es bueno saberlo). Hojear un libro erótico y sumergirnos en su lectura tiene dos efectos positivos: nos inspira (en otras palabras, disfrutamos de unos preliminares mentales) y nos relaja, de modo que nos encontramos completamente predispuestas a tener un

6. Hubin, A., De Sutter, P. y Reynaert, C., «L'utilisation de textes érotiques dans l'éveil du désir sexuel féminin», *Réalités en Gynécologie-Obstétrique. Supplément Sexologie,* 2008, 134, 46-49.

7. Jones, J. C. y Barlow, D. H., «Self-reported frequency of sexual urges, fantasies, and masturbatory fantasies in heterosexual males and females», *Archives of Sexual Behavior,* 1990, 19, 269-279.

rato de intimidad. Una vez iniciado el acto sexual, no intentamos hacer un *remake* de las escenas que hemos leído. Somos nuestro propio director, pero también las protagonistas.

Ya está, cabezas y cuerpos dedicados al placer, dispuestos a acoger el clítoris. Estupendo, porque el clítoris tiene aún importantes secretos que revelarnos. El viaje continúa, siempre más lejos, siempre más increíble.

Las sorprendentes revelaciones  DEL CLÍTORIS

Cuando decidimos pasar una semana juntas para trabajar en este libro, organizamos en paralelo un taller dirigido a diez mujeres para que compartieran la relación que mantenían con sus clítoris. Queríamos saber cómo reaccionaban a las caricias, y también lo que ellas sentían. Sus testimonios —y las numerosas interacciones que surgieron— fueron muy valiosos para entender las reacciones psicológicas del clítoris y sus promesas en términos de placer. Si ahora hay un mayor estudio y comprensión de este órgano, ¿qué mejor que los mismos clítoris para contar su vida, su realidad cotidiana y sus emociones?

Celebramos, pues, la jornada de los diez clítoris —doce, con nosotras—. Diez clítoris sentados alrededor de una gran mesa, diferentes unos de otros (en teoría). Diez clítoris de todas las edades, con mayor o menor experiencia, apetito y carácter. Nos pareció imprescindible dar la palabra a las mujeres, pero, sobre todo, suscitar un diálogo entre ellas. La finalidad no era realizar un (mini) estudio ni obtener unas cifras. Simplemente, deseábamos que cada mujer se expresara para crear un ambiente de efervescencia en torno al órgano sexual femenino. La dinámica estaba clara: nosotras les planteábamos una pregunta y ellas respondían por escrito. Luego mezclábamos las respuestas y las leíamos todas juntas. A veces, una mujer revelaba que se trataba de la suya y se mostraba entusiasmada por los comentarios que generaba su punto de vista. Este método permitió que cada mujer se sintiera cómoda, aunque, después de dos horas, desapareció el anonimato y surgieron las confidencias.

Escuchar comentarios como «Anda, ¿lo vives así?», «¡Me encanta, aunque debo de ser la única!» o «Creo que nunca he sentido eso, ¿cómo se hace?» era tremendamente interesante. Las mujeres se comparaban unas con otras para inspirarse y no para menospreciarse. Se sorprendían y se hacían preguntas, lo que despertaba su curiosidad. Todas se marcharon con una sonrisa en los labios (por así decirlo) y con ganas de saber más sobre sus clítoris. Nunca se termina de conocerlo. Con el tiempo, las relaciones, las prácticas y las pruebas que hacemos, el clítoris se presenta a veces con una cara y un humor diferentes. Aprendemos sobre nosotras durante toda la vida —lo repetimos mucho, es verdad—, pero las historias íntimas de estos diez clítoris (con los que compartimos café y dibujos de vulvas) nos lo confirmaron. Es genial pensar que la sexualidad es un mundo de posibilidades, un viaje sin fin, un carrusel que nos reserva muchas sorpresas. Todos estos testimonios contribuyen a definir el placer femenino no como un misterio, sino como una «agradable incertidumbre». Es la expresión que se nos ocurrió, y que adoptamos.

Por cierto, ¿conoces este chiste? Dos clítoris se encuentran y uno le dice al otro: «Oye, me han dicho que eres frígido». «Ah, eso son las malas lenguas…» (Es muy gracioso.)

Las promesas del clítoris

El clítoris reacciona a las caricias cuando está predispuesto para el placer. Esto provoca tanto reacciones fisiológicas como un abanico de sensaciones que las mujeres describen con distintas expresiones y metáforas. Cada una cuenta el éxtasis con sus propias palabras.

En nuestro taller empezamos por hablar de las experiencias y, no hace falta decirlo, el clítoris es un órgano muy inspirador. Es tan estimulante que dan ganas de tener dos, tres o una docena.

En un pósit, cada mujer anotó lo que sentía cuando le acaricia-ban el clítoris. Estos son los resultados (incluyendo nuestras res-puestas): «Calor», «La necesidad imperiosa de que las caricias no paren», «Felicidad», «Un viaje, estar en otro mundo», «Una sensación de bienestar», «Una bola de fuego», «Me olvido de todo, de tal manera que no sé describir la sensación», «Una sonrisa en mi sexo», «Mi cuerpo entero se estremece y se evade», «Todo el placer del mundo en un órgano», «Elevación», «Calor y estremecimientos», «Mi cuerpo se agita y mi clítoris contribuye a ello».

Por supuesto, la pregunta que nos corroe es: ¿las sensaciones son idénticas cuando practicamos el autoerotismo? La mayoría de las mujeres contestan que no, que eso es otra cosa, más directa y automática. En pareja, la práctica compartida aporta a las sensaciones una nota de voluptuosidad, de poesía incluso. El placer adquiere carta de naturaleza cuando se intercambia con otra persona. Para otras, la masturbación es la mejor manera de acceder al goce. Por último, algunas mujeres afirmaron que a veces sus sensaciones eran muy similares en uno y otro caso. Cuanto más renuncian a controlar, más posibilidades tienen de dejarse llevar y disfrutar de un placer exquisito.

★ Las reacciones fisiológicas del clítoris a la excitación

Cuando estamos excitadas, todas las partes del clítoris se llenan de sangre y se hinchan (como el pene). A medida que nos acercamos al umbral del placer, el glande sale de su escondite y se tensa. En el momento de los fuegos artificiales, apunta con tanta fuerza hacia arriba que se esconde en el capuchón. El clítoris es eréctil, bien en respuesta a las estimulaciones sexuales táctiles (internas o externas) o mentales (algunos pensamientos tienen la virtud de excitarnos), bien cuando dormimos, de forma involuntaria. Durante fase REM o sueño paradójico puede producirse la erección del clítoris acompañada de la lubricación de la vagina. Esta reacción no está necesariamente relacionada con un sueño erótico. Simplemente, se trata de una reacción natural del cuerpo. Por la noche, «trabaja» y realiza el mantenimiento de los órganos sexuales. Juega a los mecánicos y comprueba que todo está bien engrasado. Por esta razón tenemos erecciones nocturnas, tanto los hombres como las mujeres.

En el taller, decidimos dormir un poco. No, es broma. Quisimos saber cómo reacciona el glande de los «diez clítoris» presentes durante la excitación. Anotamos varios tipos de reacciones: algunas mujeres habían observado que su clítoris se hinchaba con la excitación, otra decía que sentía cómo «salía» su clítoris y tenía que separar los labios y las piernas, y también una mujer nos reveló que su clítoris se ponía rojo (¿una mezcla de sofoco y timidez?). Tres mujeres confesaron que no miraban su clítoris durante el acto, y otras dos no tenían respuesta. No habían observado nada en particular, como si su clítoris fuera discreto, pero sentían, en cualquier caso, placer en él.

★ Cuando necesitamos una pausa

Una vez que los hombres han eyaculado, necesitan un rato de descanso para tener una nueva erección. Se habla entonces de periodo refractario. Es fundamental hacer una pausa fisiológica, más o menos larga según los hombres, que se prolonga cada vez más tiempo con la edad, la condición física, el estado de salud y nuestra motivación (así como la suya) para despertar otra vez a la «bestia» después del primer asalto. ¿Y qué pasa con el clítoris? ¿Si experimenta una erección igual que el pene, necesita también una fase de reposo («¡Adiós, me voy de vacaciones!»)? En el taller no faltaron testimonios sobre este tema. Algunas mujeres, después del orgasmo, sienten una gran sensibilidad en el clítoris. No quieren más caricias y desean un rato de tranquilidad. Sin embargo, pueden disfrutar con la penetración o con caricias en otra parte que no sea el glande del clítoris. Otras no experimentan la necesidad de parar o, como mucho, de hacerlo solo unos minutos, y vuelven a sentir una gran excitación. Tres de nuestras invitadas no sentían la necesidad de parar y habían experimentado orgasmos múltiples, aunque no cada vez que tenían relaciones. Por lo tanto, cada caso es distinto. No debemos pensar que, como algunas mujeres pueden encadenar los orgasmos, hay que intentar conseguirlo. Tampoco debemos sentirnos raras porque los multipliquemos cuando otras mujeres cierran las piernas. Cada una debe descubrir su singularidad y sus necesidades de hacer pausas, ya sea de diez segundos, de tres horas o de una semana. La ciencia no dice nada al respecto.

★ ¿El tamaño del glande influye en el placer?

Se ha escrito mucho sobre el tamaño del pene y su relación con el placer. ¿Pero tendría alguna influencia el tamaño del clítoris a la hora de disfrutar? ¿Y su posición? Para estudiar el tema (que falta hacía), los investigadores reclutaron a treinta mujeres: diez presentaban síntomas de anorgasmia y las otras veinte disfrutaban sin dificultad[1]. Después de que les hicieran una resonancia y les tomaran las medidas, las mujeres respondieron a un cuestionario sobre su vida sexual. Conclusión: las que tenían un glande de mayor tamaño y situado más cerca de la entrada de la vagina (la obsesión de Marie Bonaparte) disfrutarían con más facilidad, sobre todo porque la fricción sería más asequible. Los investigadores se mostraron prudentes sobre sus resultados (y estamos de acuerdo en ello), debido al reducido tamaño de la muestra y al hecho de que las mujeres valoraran su propio placer, porque todo es relativo. Nos gustaría que se realizaran otros estudios sobre esta cuestión.

1. Oakley, S. H., Vaccaro, C. M., Crisp, C. C. *et al.*, «Clitoral size and location in relation to sexual function using pelvic MRI», *The Journal of Sexual Medicine,* 2014, 11 (4), 1013-1022.

★ El priapismo o el síndrome de la erección exagerada

El clítoris tiene erecciones. ¿Puede también sufrir de priapismo? En el caso del hombre, se habla de priapismo cuando una erección no desaparece al cabo de cuatro horas. Entonces, ¿el amigo clítoris puede ser tan resistente y tenaz? Parece que sí: se ha dado el caso de una mujer que acudió al servicio de urgencias de un hospital estadounidense con dolores en la zona clitoriana que no remitían desde hacía cinco días[2]. Tenía dificultades para caminar y para sentarse (no es fácil). Su clítoris estaba muy hinchado y duro y presentaba un color violáceo. Los investigadores trabajaron con su caso: parecía, sin lugar a dudas, priapismo femenino. En principio, estaría provocado por medicamentos antidepresivos o psicotrópicos. Si ya es raro que se dé este fenómeno en los hombres, en el caso de las mujeres es muy, muy, muy raro. Que ninguna se sienta decepcionada por ello: es un auténtico martirio.

2. Unger, A. y Walters, M. D., «Female clitoral priapism: an over-the-counter option for management», *The Journal of Sexual Medicine,* 2014, 11 (9), 2354-2356.

La vagina, vecina íntima del clítoris

11

Saber que el clítoris es una fuente increíble de placer y conocer sus promesas no significa que debamos centrarnos exclusivamente en este órgano. El placer femenino es una sinfonía que interpreta todo el cuerpo. Como hemos visto, surge en un contexto concreto, con un cerebro predispuesto a ello y con la participación de los órganos de alrededor. La vagina forma parte de estos últimos y, por su posición tan íntimamente ligada al clítoris, desea hablar contigo durante un buen rato.

El clítoris es un órgano dedicado al placer, mientras que la vagina tiene otras funciones: acoge al pene y a los espermatozoides tras la eyaculación, pero también es la vía del parto y canaliza el flujo menstrual. Ahora bien, desde un punto de vista puramente sexual, ¿cómo funciona?

La vagina está menos inervada que el clítoris, es decir, es más pobre en terminaciones nerviosas[1]. Sin embargo, no por ello es menos útil para el placer. El hecho de que el clítoris sea el gran protagonista no significa que debamos dejar la vagina de lado. Aunque no exista el orgasmo puramente vaginal (al menos, eso es lo que tratan de demostrar la mayoría de los estudios), es una equivocación pensar que la penetración es un rollo. En primer lugar, porque el clítoris se puede excitar por las vías internas; y en segundo lugar, porque la penetración es un acto sexual, un acto de unión y amor. A las mujeres les gusta la penetración (¡sí!) también por lo que representa, por la idea de ser una sola carne, de poseerse el uno al otro. De alguna manera, a pesar de la herencia de una sexualidad coital, la penetración es un acto de amor que ha aprendido, con el tiempo, a no descuidar al clítoris. Como este último trabaja junto con la vagina, todo el mundo participa de la fiesta y se siente feliz: la penetración está bien, la estimulación externa, también.

1. Pauls, R., Mutema, G.: Segal, J. *et al.*, «A prospective study examining the anatomic distribution of nerve density in the human vagina», *The Journal of Sexual Medicine,* 2006, 3 (6), 979-987.

★ El (auténtico) punto G se llama zona C

Los estudios ecográficos de Odile Buisson y de Pierre Foldès demostraron que existe una zona de contacto entre la parte interna del clítoris y la zona vaginal, que generalmente se denomina punto G[2]. No se trataría de un punto concreto y mágico en el que apoyarse para subir directamente al séptimo cielo, sino de una zona más o menos extensa de la pared anterior de la vagina que, en función de las mujeres, no se sitúa exactamente en el mismo lugar. No podemos dar las coordenadas geográficas precisas (aunque sospechamos que esta zona C no está detrás de la oreja).

Durante el acto amoroso, el clítoris se mueve gracias a las contracciones del perineo. Pero ¿qué es el perineo? Al igual que no se conoce bien el clítoris, el perineo también ser objeto de confusión. Se trata de un conjunto de músculos en forma de hamaca que se extiende desde el pubis hasta el ano. Cumple una función de apoyo y sostén de los órganos e influye en nuestra capacidad de retención de la orina. Por último, en lo relativo a la sexualidad, el perineo rodea la vagina, de modo que, si está tonificado, la vagina está más comprimida y puede experimentar sensaciones más agradables. Durante el acto sexual, el perineo se contrae de forma involuntaria o voluntaria (podemos decidirlo nosotras). La investigadora Odile Buisson demostró que, con

---

2. Foldès, P. y Buisson, O., «The Clitoral Complex: A dynamic sonographic study», *The Journal of Sexual Medicine,* 2009, 6 (5), 1223-1231.

la penetración vaginal o con la presión de los dedos, la horquilla del clítoris desciende hacia la zona vaginal gracias a las contracciones perineales. Dicho de otro modo, una parte de los músculos del perineo cumplen una función esencial en placer gracias a sus contracciones, ya sean reflejas (durante la penetración y el orgasmo) o controladas (moviendo la pelvis y apretando el perineo para acentuar el placer).

Odile Buisson, con sus trabajos, persigue un objetivo: ayudar a las mujeres que tienen dificultades para disfrutar con el sexo. Es importante destacar que los hombres disponen de píldoras mágicas para casos de impotencia o disfunción eréctil, mientras que a las mujeres se les aconseja que se relajen: ¡respira y todo irá bien! Por supuesto, es importante estar relajada, porque desde luego que es complicado disfrutar si la suegra está durmiendo en el cuarto de al lado y tenemos la cabeza llena de pensamientos obsesivos. Pero el orgasmo femenino es tan fisiológico como el masculino y el placer no solo está regido por el cerebro. Comprender cómo vive y se expresa el clítoris durante el acto sexual no es una mera cuestión de curiosidad, de lujo o de feminismo, sino un auténtico recurso de acompañamiento sexológico para conducir a las mujeres que lo necesitan hacia un mayor bienestar sexual.

En el pasado, muchos estudios demostraron la evidente relación entre el perineo y el orgasmo. Los trabajos más recientes confirman la idea de que un perineo que «se siente bien» es clave para la plenitud sexual. Aunque solo sea porque la ausencia de tono muscular tiene un impacto negativo en la confianza de las mujeres. Después del parto, las mujeres temen el momento de recuperar su vida íntima, la ausencia de placer tanto para ellas como para sus parejas. Pero el bloqueo no es solo psicológico: la falta de tono del perineo podría explicar la falta de sensaciones internas y las dificultades para disfrutar. La rehabilitación del perineo podría ser una opción para tratar la disfunción orgásmica femenina. Se practica por un fisioterapeuta o por una matrona.

La zona C

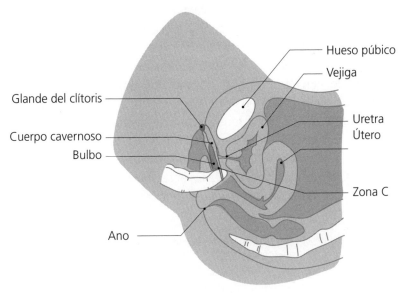

Hueso púbico

Vejiga

Glande del clítoris

Cuerpo cavernoso

Bulbo

Uretra

Útero

Zona C

Ano

★ ¿El tamaño de la vagina importa?

La zona C correspondería a la zona vaginal en la que la parte interna del clítoris llama a la puerta. Esta información nos lleva a preguntarnos sobre el tamaño de la vagina. ¿Una vagina más estrecha permitiría activar mejor ese «punto»? ¿Sentirse demasiado «amplia» explicaría la falta de entusiasmo por la penetración? Como Emmanuelle Bercot, en la película *Mi amor*[3], que pregunta a Vincent Cassel si es demasiado ancha. A lo que este responde: «¿Demasiado ancha de mente?»

La primera pregunta que nos planteamos es: ¿tiene sentido hablar del tamaño de la vagina? Sí y no. La vagina es un conducto que une el útero con el exterior del cuerpo. Está cerrado por los labios. Es más estrecho en la zona de la vulva y se ensancha en el fondo. «En reposo» tiene una longitud media de 6,3 centímetros. Su diámetro medio es de 17 milímetros cerca de la vulva y de 40 milímetros en el fondo[4]. Los investigadores conocen los datos del tamaño de la vagina «en reposo», pero no pueden medirla «en acción». La vagina es una cavidad que tiene la propiedad de ser elástica gracias a las fibras musculares del perineo. Esta cualidad, que le permite ensancharse (aunque solo sea

---

3. Título original: *Mon roi.* Película escrita y dirigida por Maïwenn, estrenada en Francia en 2015 y en España en 2016.

4. Luo, J., Betschart, C., Ashton-Miller, J. A. y DeLancey, J. O., «Quantitative analyses of variability in normal vaginal shape and dimension on MR images», *International Urogynecology Journal,* 2016, 27 (7), 1087-1095.

cuando nos ponemos un tampón), es esencial en el parto para que pueda pasar el bebé. En el marco de la sexualidad, bajo los efectos de la excitación y gracias a su elasticidad, acoge al pene de nuestra pareja (o sus dedos, o un juguete erótico). En este aspecto, todas las mujeres no son iguales. Todas las vaginas son fisiológicamente elásticas, pero cada una tiene sus fibras musculares y su anchura, que varía más o menos según la situación. Por lo tanto, el diámetro de la vagina depende de la capacidad de nuestro perineo para estirarse. Imagina una goma del pelo. ¡Unas resisten más que otras!

Además, se habla de tonicidad. De un perineo en forma se dice también que está «tonificado». Ahora, coge tu puño e imagina que es tu perineo. Cuanto más consigas apretarlo, más musculado está tu suelo pélvico. Gracias a un perineo tonificado conseguimos bloquear, es decir, contraer la vagina para retener el pene de nuestra pareja (o un dedo, o un juguete erótico) y luego relajarla. Este músculo permite la retención y el estrechamiento durante la penetración. Todo es cuestión de equilibrio. La elasticidad vaginal es necesaria, pero un perineo demasiado elástico (digamos tipo chicle, como se queda después de haberse estirado demasiado en el parto) es un problema, porque la vagina no se «cierra», está demasiado distendida para que recupere su tono habitual. Con los ejercicios de rehabilitación perineal, las fibras musculares se reconstruyen. En cuestión de tonicidad, también es necesario el equilibrio. Un perineo demasiado tonificado, demasiado rígido y con dificultades para relajarse puede provocar, en algunos casos, dispareunia (dolor durante la relación) e, incluso, con menos frecuencia, vaginismo (que suele ir acompañado de bloqueos psicológicos).

Como hemos visto, cuando el perineo se contrae, la parte interna del clítoris puede descender hasta la zona C. Un perineo tonificado permite experimentar más sensaciones internas, provocadas en el clítoris. En otras palabras, una buena tonicidad facilitará que la parte interna del clítoris alcance la pared anterior de la vagina y, ¡tachán!, toque la zona C. Pero no hace falta esforzarse demasiado para contraer a toda costa el perineo, ya que este reacciona a las caricias agradables contrayéndose solo.

Anatomía de la vagina

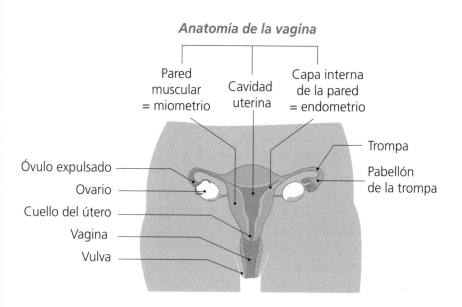

Pared muscular = miometrio

Cavidad uterina

Capa interna de la pared = endometrio

Trompa

Pabellón de la trompa

Óvulo expulsado

Ovario

Cuello del útero

Vagina

Vulva

★ En busca del placer vaginal

Es interesante apuntar que, en general, los hombres no cuestionan el tamaño de la vagina de su pareja; lo clásico es que se pregunten, en primer lugar, si su pene tiene las medidas adecuadas (uno de sus principales complejos). Según algunos estudios ciéntificos[5], ellos se preocupan mucho más que ellas: solo algo más de la mitad de los hombres (un 55 %) estarían satisfechos con el tamaño de su miembro viril, mientras que la gran mayoría de las mujeres (el 84 %) estarían muy satisfechas. Y si les pedimos a ellas más detalles, nos enteramos, a través de otro estudio[6], que prefieren los penes más «anchos» para las aventuras efímeras (como si los rollos de una noche fueran sinónimo de sexo salvaje), mientras que para las relaciones a largo plazo buscarían delicadeza y sensibilidad, sin que el tamaño fuera importante. Los investigadores de este estudio, a la vista de los resultados, formulan la hipótesis de que un gran pene para toda la vida podría ser agotador para la vagina…

---

5. Lever, J., Frederick, D. A. y Peplau, L. A., «Does size matter? Men's and women's views on penis size across the lifespan», *Psychology of Men and Masculinity,* 2006, 7 (3), 129-143. Stulhofer, A., «How (un) important is penis size for women with heterosexual experience?», *Archives of Sexual Behavior,* 2006, 35, 5-6.

6. Prause, N., Park, J., Leung, S. y Miller, G., «Women's preferences for penis size: A new research method using selection among 3D models», *PLoS ONE,* 2015, 10 (9), e0133079.

Llegamos a la conclusión que no es importante tener un gran pene o una vagina muy estrecha. El tamaño de la vagina depende del tamaño del pene, y a la inversa: se trata de un encuentro entre los dos. Es lo que revelaba el Kamasutra: «El hombre, según la dimensión de su sexo, se clasifica en "liebre", "toro" o "caballo". La mujer, según su tipo, en "cierva", "yegua" o "elefante"». En otras palabras, algunas uniones tienen más sentido que otras: la liebre encajará con la cierva y el caballo, con el elefante. De este modo, todo el mundo saldrá ganando en cuestión de sensaciones. Pero no hay que preocuparse porque, una vez más, la vagina se adapta. Por supuesto, hablamos de esto en el taller: empezamos por preguntar a las mujeres si se sentían cierva, yegua o elefante. Como las mujeres no se plantean tanto la cuestión del tamaño de su vagina, la mayoría respondió con prudencia «yegua», para quedarse en el término medio. Las que eran madres, habían tenido el perineo deteriorado y se habían recuperado gracias a la rehabilitación perineal contestaron «elefante», a pesar de que habían recobrado la tonicidad. Solo una mujer respondió que se consideraba «cierva» porque nunca era fácil entrar en ella, incluso cuando le parecía que dejaba la puerta abierta. Se consideraba demasiado estrecha (o, tal vez, solo había conocido caballos). En general, lo que se concluye de esta charla, digna de una excursión a una granja, es que todas se habían adaptado. En otras palabras, las mujeres elefantes —aunque es una cuestión subjetiva— tienen una conciencia clara de su perineo y lo pueden contraer a su voluntad durante las relaciones para sentir con más intensidad. Por su parte, nuestra cierva pone el acento en los preliminares antes de pasar al asalto y utiliza lubricante (como recordatorio: la lubricación vaginal no es automática ni constante, por lo que el lubricante es un buen aliado). Y las relaciones funcionan…

En efecto, por desgracia, nuestras morfologías no encajan a veces, pero, con el tiempo, eso se compensa. No hay fórmulas mágicas, sino una serie de comportamientos que nos conducen por el camino de la compatibilidad. La vagina es tan inteligente… como un par de medias, y nosotras tampoco somos tontas.

El acceso al placer vaginal depende de la tonicidad del perineo y también de muchos otros factores, como el encuentro de los dos sexos, nuestra lubricación (la cosa funciona mejor así) o la postura elegida (para cambiar el ángulo de penetración), pero, además (y sobre todo), de la representación que tenemos de nuestra vagina: si pensamos que no sentirá nada (en particular, porque desconfiamos de nuestra anatomía), estamos condicionadas y será más difícil que sintamos placer por vía interna.

★ ¿Quién habla aún de orgasmo vaginal?

En resumen, no hay un orgasmo vaginal propiamente dicho: el clítoris origina las distintas sensaciones de placer que experimentamos, con independencia de que se lo estimule desde el interior o desde el exterior. Deberíamos hablar de orgasmo a secas, aunque las sensaciones sean diferentes según nazca de un sitio u otro. Da un paseo por el bosque y disfruta de él: experimentarás cosas distintas según el recorrido que hagas, pero al final llegarás a la conclusión de que ha sido un paseo estupendo.

Es necesario aclarar que todos aquellos que emplean el término «orgasmo vaginal» en la actualidad no distinguen necesariamente dos tipos de goce sexual (aunque algunos sí). Por lo general, denominan «orgasmo vaginal» al que nace en el clítoris, pero por vía interna. Es decir, la estimulación del clítoris a través de la vagina provoca a veces el goce y este goce se nombra según su lugar de nacimiento, en vez de según el órgano donde se origina. Pero nadie se pone de acuerdo. Se podría hablar de orgasmo por vía vaginal, por estimulación vaginal, por penetración o sin estimulación del glande del clítoris (la parte externa). No solo es una cuestión terminológica. Y podríamos ir más allá: dado que el orgasmo «vaginal» aún se describe como diferente en lo relativo a las sensaciones, esto podría explicarse por el hecho de que, al estimular la vagina —por lo tanto, la parte interna del clítoris—, no se excitaría la misma zona del clítoris ni se experimentaría el mismo placer. Esta parte reaccionaría de una manera diferente, más lenta quizás. ¿Pero hay alguna prueba de ello? Existen tantos tipos de orgasmos como mujeres, así que, para resumir, se podría decir que solo existe el orgasmo íntimo y que cada mujer encuentra su propio placer.

Ahora sabemos cómo es el clítoris y qué placer puede proporcionarnos. También sabemos que la vagina cumple una función determinada y que el clítoris no pretende ir por libre. Entonces, ¿qué hacemos en concreto?

Encuentro íntimo

CON EL

CLÍTORIS

Desde el punto de vista de la estimulación, no existen formas «correctas» de lograrla. Hablamos de ello con las mujeres de nuestro taller, porque la sexualidad no tiene nada que ver con las matemáticas ni se pueden dar recetas como en la cocina. Cada una guisa a su manera, elige los ingredientes, las cantidades y el tiempo de cocción, porque cada una busca el resultado que la llevará a la ebullición. Y cuando aún no lo tenemos claro, cuando aún estamos buscando, se prueban varias recetas de guisos. A veces es imposible quedarse con una, nos gustan todas, alternamos o hacemos unos sándwiches. Con todo esto queremos decir que las preferencias en materia de estimulación son muy amplias: todo el mundo tiene su secreto. Por ello, es interesante mencionar lo que cada mujer nos ha revelado. Su lectura puede ser una fuente de inspiración y de excitación, porque nunca estamos en contra de conocer los secretos de la vecina.

Caricias para complacer al clítoris

Al clítoris le gusta que lo estimulen por vía externa (el glande y la zona de alrededor) o por vía interna (la vagina). La estimulación también puede producirse de forma indirecta, porque la contracción de una parte de los músculos del perineo repercute en los pilares y los bulbos del clítoris. En resumen: durante la penetración, la estructura interna de este órgano se excita. Este placer no se obtiene de forma tan evidente, porque la vagina no es una zona que asaltemos con frecuencia en soledad, sobre todo con ocasión de nuestras primeras emociones masturbatorias. Las sensaciones internas requieren exploración, incluso un poco de ejercicio, solas o en pareja.

El conjunto del clítoris constituye una zona erógena primaria —al menos, tiene todo su potencial—, es decir, una zona muy sensible que desempeña un papel importante en la excitación y proporciona placer. Unas mujeres serán más receptivas a las caricias externas; otras, a las externas, y a un tercer grupo le gustarán ambas posibilidades o aprenderá a apreciarlas. En materia de sexualidad, evolucionamos constantemente (lo que es una buena noticia).

Entre nuestras invitadas, a unas les gustaban las caricias con la yema de los dedos y otras preferían, por el contrario, jugar con varios dedos juntos, aplicados horizontalmente sobre toda la zona del glande del clítoris. Unas optaban por cerrar las piernas y otras necesitaban abrirlas… No todas se acariciaban la vulva en su conjunto ni sentían la necesidad de una estimulación vaginal en paralelo. Pero, para algunas, esta doble estimulación es grandiosa, de modo que se las arreglaban para frotar o acariciar siempre el clítoris durante la penetración.

★ El placer en tu mano

Intenta tocar un clítoris (el tuyo, a poder ser) «en frío», ahora mismo (con las manos limpias, en cualquier caso): la sensación no será muy agradable. En primer lugar, no estás en un ambiente erótico, y en segundo lugar, te faltará un poco de humedad. Gracias a las secreciones vaginales, es decir, a la ciprina (el líquido que produce la vagina durante la excitación), las caricias son placenteras. Se puede recurrir también al lubricante, porque no somos máquinas. Luego, en cuanto sientas placer, acelera el ritmo o aumenta la presión con uno o más dedos.

También podemos buscar un encuentro de otro tipo, como si empezáramos de cero, descubriendo con la yema de los dedos (siempre húmedos) la sensibilidad del clítoris. Como si procediéramos con cautela, paso a paso, para recibir las sensaciones que surgen por el camino. Acariciamos con calma, sin acelerarnos ni acelerarlo, con el fin de despertar nuestra conciencia del clítoris. Una primera cita llena de ternura, casi tímida.

¿Alguna vez has inspirado y espirado a fondo para sentir el aire que entra y sale de los pulmones? Este ejercicio ayuda a centrarnos en lo esencial: en nosotras, aquí y ahora, en nuestro cuerpo. Incluso se puede hablar de meditación. Fíjate que el clítoris y la meditación han encontrado un terreno de entendimiento: la meditación orgásmica. Esta «actividad» nos llega directamente de Estados Unidos, donde nació en 2011, antes de cruzar el Atlántico y desembarcar en Europa. Mientras que la meditación «clásica» busca vaciar la mente, la meditación orgásmica despierta el cuerpo. El principio es simple (aunque un poco aterrador para algunos): se trata de encontrarse durante la meditación con la pareja (o no, porque también nos pueden asignar un candidato que haya venido solo). La mujer se tumba en su lecho (en el suelo o en unos cojines) y el hombre, provisto de un guante de látex, coloca su dedo (previamente humedecido con lubricante) sin presionar. Durante quince minutos, el monitor o el profesor da las instrucciones («Movimientos circulares», «Presión»…). En paralelo, la mujer interviene para guiar a su pareja indicándole lo que desea (más fuerte, más suave, más abajo…). Por supuesto, la finalidad es concentrarse en el clítoris, en el propio órgano, y conectar con las sensaciones que se experimentan. El hombre también participa en el juego y fija toda su atención en la yema de su dedo en contacto con el glande del clítoris (o con su capuchón). Esta práctica, que causa mucho alboroto en los medios de comunicación, ayudaría a comunicarse mejor con la pareja y nos concienciaría sobre la importancia del clítoris para el placer femenino.

Una de nosotras probó esta técnica en su casa, siguiendo los consejos de un vídeo, y se aburrió mortalmente. El carácter teledirigido y mecánico es castrante: no hay espacio para la creatividad ni para la sorpresa. Quizás el formato no fuera el adecuado. La otra se atrevió a realizar un curso (con su pareja —de perdidos al río—, porque nuestro pudor se resiste un poco a la cuestión del «desconocido que coloca su dedo»). Lo que recuerda en primer lugar es un ataque de risa. La vergüenza forma parte del juego cuando nos encontramos con diez parejas para hablar del clítoris. La experiencia «real» fue enriquecedora. La presencia de un monitor que dirige la dinámica paso a paso, con una voz tranquila, casi lánguida, facilita el abandono. Podemos desconectar, aunque notamos que no todo el mundo está receptivo. En el fondo, se trata de una meditación, y no todos tenemos la capacidad de conectar con nuestro cuerpo vaciando la mente.

Pasa lo mismo con la sofrología: a algunas personas les funciona, pero a otras, sus prejuicios negativos (¿qué es esa cosa?) les impiden relajarse. Nosotras no podemos recomendar ni desaconsejar esta práctica. Se trata de una experiencia extremadamente íntima.

Pero aporta un enfoque sorprendente que nos puede inspirar nuestra propia meditación orgásmica (solas o en pareja). Ciertamente, esto no se improvisa, pero conectar con el clítoris a través de nuestro dedo o el de nuestra pareja para (re)descubrirnos es muy excitante e instructivo. Simplemente, decidimos ir despacio, concentrarnos en el glande del clítoris y comentar lo que se nos pasa por la cabeza y por el cuerpo.

★ La lengua en todos sus estados

Los besos tiernos, las caricias externas y el sexo oral formarían el trío ganador de las prácticas para alcanzar el goce sexual. Si el *cunnilingus* es fuente de placer —además del carácter íntimo que posee— se debe a que la lengua, húmeda por definición, estimula el glande del clítoris y la vulva en su conjunto con sensualidad y presión, justo lo que hace falta.

Sin embargo, no todas las mujeres disfrutan con él. Algunas tienen ciertos complejos: temen que su sexo sea feo o huela mal, así que, mostrarlo en primer plano…, no, gracias. ¿Quién no se ha puesto alguna vez en el lugar de su pareja y se ha imaginado el cuadro que tenía ante sus ojos? Nos da miedo que el espectáculo sea espantoso, demasiado peludo o extraño, que el público se levante y se vaya dando un portazo.

Además, como sucede con cualquier práctica, está la cuestión de los gustos y los colores. Nada garantiza que el *cunnilingus* nos procure miles de sensaciones: eso depende del momento, de la pareja y de la visión que tenemos de esta práctica. La podemos considerar demasiado íntima, precisamente, para compartirla con un hombre que conocemos poco, de modo que cerramos las piernas y nos perdemos su potencial de placer. Por otro lado, a veces se percibe como una réplica de la felación: si recibo un *cunnilingus*, voy a (tener que) ofrecer una felación a mi vez. Esta idea es un freno. En este caso, el *cunnilingus* no se contempla como un placer, sino como una moneda de cambio.

También sucede que, cuando el *cunnilingus* es muy elogiado, las mujeres temen no llegar al orgasmo con él y ofender a su pareja o tener que reconocer que «No, esto no funciona». El orgasmo no es una respuesta automática, sino que depende de un montón de factores, de modo que, si un día no disfrutamos con un *cunnilingus*, eso no significa nunca vayamos a sentir nada con esta práctica. Las caricias del clítoris con la lengua pueden ser deliciosas y ofrecer, con el tiempo, sensaciones nuevas e inesperadas.

El *cunnilingus* puede ir acompañado de otras caricias o de los dedos: entonces se habla de «*cunnilingus* real». Mientras su lengua se aplica con deleite en el clítoris, nuestra pareja nos penetra la vagina con los dedos (un gesto que puede estimular la zona C) o también el ano. Esta estimulación puede provocar sensaciones nuevas, así como un sentimiento de transgresión que acelera la excitación sexual debido a que esta práctica, aunque cada vez está más aceptada y extendida, conserva aún un regusto a prohibido…

★ Mango de ducha y patito de goma

Muchas amigas, pacientes y mujeres entrevistadas descubrieron sus primeras emociones sexuales gracias a las vibraciones y casi por casualidad: un paseo en bici o a caballo, o incluso el mango de la ducha, provocan sensaciones agradables que se mencionan con frecuencia. Muchas mujeres se masturban con la ducha porque les gusta la fuerza del chorro de agua. Junto a estos métodos muy «bío», los juguetes eróticos se han impuesto en el mercado. Recientemente, un estudio publicado por el Ifop[1], y

---

1. Ifop, «Les Français et les *sextoys*: la grande enquête», 9 de febrero de 2017.

difundido con entusiasmo por los medios de comunicación, confirmaba el empleo de los juguetes eróticos en los hábitos masturbatorios de las mujeres: el 88 % de las mujeres encuestadas habían utilizado juguetes eróticos para masturbarse, de las cuales, el 24 % lo hacía «siempre o casi siempre». Contrariamente a lo que se piensa, los juguetes eróticos no son patrimonio de las personas solteras. El estudio revela que la parte de la población que los ha utilizado en pareja (el 45 %) es superior a la que los ha utilizado en solitario (el 29 %).

El producto estrella del momento es el estimulador clitoriano que «aspira» el órgano, comercializado por diferentes marcas. Lo escribimos entre comillas porque la palabra puede dar escalofríos, aunque no tiene nada que ver con el aspirador de casa: tu clítoris no tiene nada que temer (desde luego, no hay ningún riesgo de que desaparezca). Además, el aparato no entra en contacto con el clítoris, sino que lo rodea. Este modelo de juguete erótico nos gusta más allá de sus funciones y de las sensaciones que procura. Constituye la prueba de que, en cierto modo, se tiene en cuenta el clítoris. El mercado de los juguetes eróticos ha sabido interesarse por las expectativas de las mujeres y dar respuesta a sus necesidades en términos de placer. Estos aparatos vuelven loco al clítoris, que parece haber encontrado su juguete de moda, en sustitución del famoso patito. Esta revolución tecnológica es fruto de un clítoris estudiado y analizado. No solo disponemos de los vibradores para disfrutar. Gracias a este juguete erótico que succiona, el orgasmo resulta más accesible (se puede alcanzar en unos minutos, incluso en unos segundos).

Pero (para aquellas que lo han probado) ¿existe algún riesgo de engancharse a este juguete? Suele reprocharse a los juguetes eróticos de todo tipo que, al proporcionar orgasmos con más facilidad, el cuerpo no se «habitúa» a alcanzarlo en pareja. Lo que no es falso del todo: las sensaciones no son las mismas, los caminos que se toman tampoco. Sin embargo, pasa lo mismo que si nos masturbamos con los dedos. El contacto es más directo: probamos, nos gusta y nos atrevemos a hacerlo. En resumen, respondemos a cada una de nuestras reacciones de manera inmediata y sin ningún rodeo. Pero no hay ningún riesgo de preferir el autoerotismo. A lo largo de la vida, se pueden combinar la masturbación y las relaciones sexuales en pareja. Una cosa no quita la otra.

Los juguetes eróticos tienen otra virtud: la de ofrecer una exploración de la vagina. Una exploración menos instintiva que la del clítoris durante las primeras autocaricias. La vagina resulta misteriosa porque no es visible. Y si, por casualidad, probamos con un dedo, no nos sentimos cómodas del todo, nos dirigimos hacia lo desconocido y tenemos la extraña sensación de que es el «territorio» de nuestro compañero. ¡Porque él sí que ha visto vaginas! Bueno, palpado. En ese momento, se puede considerar el juguete erótico como un apoyo, como un aliado que nos acompaña en una ruta que quizás no conocemos demasiado bien y que vamos a señalizar solas, con nuestro juguete. Vamos a explorar sensaciones internas, nuevas y sorprendentes. Por supuesto, es más cómodo (e, incluso, recomendable) empezar la masturbación por lo que nos gusta y dominamos (vamos, que nada de precipitarse con el plátano). Comenzamos en particular por la estimulación externa, con la que las mujeres están, por lo general, más familiarizadas. Por un lado, el clítoris es un todo, es un órgano que se extiende desde el glande hasta el interior del cuerpo, de modo que resulta lógico estimularlo «por todas partes». Por otro, la excitación que provoca el glande (ese gran amigo) permite entrar en tal estado que nos sentimos abiertas a experiencias desconocidas aún para nosotras.

★Con el pene o con un pepino

Acusar a la penetración de todos los errores no sirve de nada. Sobre todo cuando sabemos que la parte interna del clítoris rodea amorosamente la vagina y puede estimularse desde el interior, de manera voluntaria o involuntaria, con las contracciones del perineo. También porque, aunque una relación sea falocéntrica, la podemos «falocentrar a nuestra manera», cambiando de postura, tocándonos nosotras mismas el glande del clítoris o frotando la vulva con la pierna de nuestra pareja (o con la oreja, el pie o lo que queramos).

Todas las posturas sexuales pueden ofrecernos una doble estimulación del clítoris y unas sensaciones fascinantes. Quizás con la excepción de las posturas acrobáticas, que nos impiden respirar y relajarnos. No hace falta empeñarse en innovar haciendo el amor cabeza abajo, con los dedos de los pies flexionados y el pulgar levantado: es difícil e imposible de mantener (bueno, para muchos). No se trata de ponerse límites si se desea perder el norte en sentido literal, pero se aconseja un mínimo de comodidad para recibir mejor el placer y disfrutar sin tener miedo de romperse la nariz.

Un misionero de toda la vida cumple perfectamente su función: a las dos nos gusta esta posición considerada erróneamente como clásica y aburrida. En realidad, oculta increíbles posibilidades, además de ser muy accesible. Con el misionero, todo el mundo está servido e, incluso, la pareja puede mirarse a los ojos. Hay otras posturas que también se practican con frecuencia, como la de Andrómaca (la mujer encima, a horcajadas) y la del perrito (que no hace falta describir).

Tanto la posición del perrito como la de la cuchara, en principio, descuidan al clítoris, por lo que muchas mujeres se tocan durante el acto. No hay ningún mal en ello. No supone un reproche a la pareja por olvidarse de nosotras («Mira, tengo que hacerlo yo»); es simplemente, que la postura en cuestión es estupenda, pero que lo sería aún más si nuestro clítoris pudiera participar en el juego y tocar la pelota. La Andrómaca permite una mayor fricción del clítoris —es su valor añadido—, puesto que tenemos el control de nuestro placer (y nos movemos con un ritmo u otro). En esta postura, la mujer se encuentra en una posición dominante y puede balancear su cuerpo a su antojo, así como pedir a su pareja que mantenga el ángulo que ella prefiera y las sacudidas que busca.

Pero podemos disfrutar en todas las posturas. El misionero se asocia, sin motivo, a la posición de la perfecta estrella de mar que cuenta las algas y no utiliza ninguno de sus diez brazos. ¿Acaso se aburre la estrella de mar? No necesariamente. Acaricia a su pareja, le dice palabras procaces, lo devora con los ojos o le cuenta cómo le ha ido el día (en el peor de los casos). Siempre podemos tener un papel activo, dar y ocuparnos de nuestro clítoris. ¿Cómo? Gracias a la técnica denominada de *coital alignment* (CAT, como «gato» en inglés, fácil de recordar) o alineación coital. Se trata de una variante del misionero que intensifica la presión ejercida sobre el clítoris. Los cuerpos se funden: la finalidad es estar pegados, con el hombre tendido (casi tumbado, pero con un poco de contención) sobre su pareja. Para sentir una mayor fusión, la mujer puede rodearlo con las piernas. Juntos y acompasados, realizan movimientos de pelvis que aumentan las sensaciones del glande del clítoris. No es un homenaje al movimiento de vaivén (no hay entrada ni salida en sentido estricto, como un martillo neumático), sino un deslizamiento suave y repetido de las dos pelvis. Esta técnica fue estudiada por primera vez por Edward Eichel[2]. A continuación se realizaron otras investigaciones para demostrar su eficacia (Kaplan, 1992[3]; Hurlbert, 1995[4];

---

2. Eichel, E. y Nobile, P., *The Perfect Fit: How to Achieve Mutual Fulfillment and Monogamous Passion Through the New Intercourse,* Dutton Books, 1992.

3. Kaplan, H. S., «Does the CAT technique enhance female orgasm?», *Journal of Sex & Marital Therapy,* 1992, 18 (4), 285-291.

4. Hurlbert, D. F. y Apt, C., «The coital alignment technique and directed masturbation: a comparative study on female orgasm», *Journal of Sex & Marital Therapy,* 1995, 21 (1), 21-29.

Pierce, 2000[5]). Permite una mayor estimulación del clítoris, sin olvidar las sensaciones internas: como todo se realiza con suavidad, el pene se desplaza tranquilamente entre las paredes de la vagina para despertar la felicidad escondida en ella. Después, nada impide recuperar un ritmo más frenético, incluso más salvaje.

Durante el misionero (con o sin CAT), la estrella de mar contrae también el perineo y eleva la pelvis (en el movimiento de «va») para relajarse en el movimiento de «ven», dejando caer la pelvis (con vaivenes discretos, suaves, tranquilos y sensuales). De este modo, ella controla la penetración, logra sensaciones internas muy agradables y se las proporciona a su pareja, que se siente más oprimido cuando «va» (y tiene derecho a ser liberado cuando «viene»).

Levantar las piernas cuando estamos tumbadas boca arriba requiere una cierta agilidad (pero no tanta como hacer el amor encima de una mesa) y permite cambiar el ángulo de la penetración. Esto se aplica a todas las posturas. Forma un círculo uniendo el pulgar y el índice (de la mano izquierda) y mete el dedo índice derecho en él (el famoso gesto para indicar que papá entra en mamá). A continuación, mueve el círculo (tu vagina, por cierto) mientras dejas el índice derecho (el pene) en la misma posición. Comprobarás que se roza una vez con la parte

---

5. Pierce, A. P., «The coital alignment technique (CAT): an overview of studies», *Journal of Sex & Marital Therapy,* 2000, 26 (3), 257-268.

superior, otra con la inferior, con los lados… En resumen, hay fricción con todas las paredes y el ángulo de penetración cambia. Por supuesto, que no cunda el pánico, el pene sigue, en cualquier caso, los movimientos (no tiene intención de torcerse y salir por tu ombligo). Las inclinaciones son mínimas y apenas perceptibles, pero en el interior pueden tener un efecto sorprendente.

Como recordatorio, la zona C (donde el clítoris puede estimularse «desde dentro») se sitúa en la pared anterior de la vagina, es decir, delante, por la parte del pubis (no del ano). No existe un punto de referencia concreto, pero orientar el pene hacia esta zona para observar las sensaciones y las reacciones de nuestro cuerpo puede ser excitante. Si realmente queremos investigar un poco (sin presiones, ya no estamos en la época del punto G, el lugar más obligado de la Tierra), los dedos (propios o del vecino) son una buena opción para un tacto más preciso. Los juguetes eróticos o todo lo que queramos (del pepino a la zanahoria) también pueden acompañarnos en la expedición.

En cuanto al pene, para aquellas a las que les gusta la penetración y las sensaciones que provoca, apuntamos que al glande del pene le encanta el glande del clítoris (tienen un montón de cosas que contarse). Ligeramente humedecido (después de una visita a la vagina), se puede frotar con el clítoris. El encuentro de ambos es explosivo, y a los hombres les gusta. El glande es la zona más inervada del pene. En caso de hacerlo con un pepino, nos falta saber lo que siente y si desea contártelo.

★ Tocar la partitura con todo el cuerpo

Nos encanta el clítoris. Es la estrella de nuestras zonas erógenas. Pero una zona erógena tan determinante como el clítoris cobra todo su sentido cuando se la estimula al mismo tiempo que todo el cuerpo está animado. Intenta meter la quinta cuando no has accionado la llave de contacto: no es lo mejor para arrancar. Otro ejemplo más simpático: intenta animar una fiesta con un solo invitado… Es inútil. El clítoris está contento de asistir a la fiesta del desmadre y el sexo, se siente importante, todas las miradas se fijan en él, en sus lentejuelas y su copa de champán, pero se pregunta dónde están los demás, sus compañeros de aventuras. Hablamos de la nuca, las nalgas, los senos, los pies, la zona de los riñones, el ombligo, tu decimoséptimo cabello, las pestañas y el lunar de la espalda.

Entre las zonas erógenas, hay algunas que nos excitan sin lugar a dudas (el clítoris y los senos, por lo general) y otras que están menos inervadas, pero que pueden proporcionarnos sensaciones muy agradables. Estas últimas son muy personales y dependen del contexto, la pareja o nuestras creencias, incluso. Si el clítoris recibe el reconocimiento unánime, la muñeca no tanto. La nuca tampoco (¿tal vez algo más?). Evidentemente, estas zonas se descubren con el tiempo. Basta, por ejemplo, con que a un amante que nos ha dejado un recuerdo extraordinario le encantara besarnos en los párpados para que estos se conviertan en una zona muy sensible (es genial frotarse los ojos tranquilamente cuando nos aburrimos en una reunión).

Volviendo a la fiesta del desmadre, al clítoris le gusta estar acompañado. Estimular esas «otras zonas» (que llamamos «zonas erógenas secundarias» en la jerga sexual) al mismo tiempo que las zonas erógenas «primarias» aumenta el placer y prepara el cuerpo para el acto sexual.

¿Y pueden disfrutar los senos de la fiesta? ¿Solo los senos? El fenómeno es conocido, aunque resulte raro, pero es perfectamente posible. Se produce mediante las caricias de los pezones —que se pueden rozar con la yema de los dedos, lamer o mordisquear—, aunque todo el pecho es fuente de excitación si se agarra con firmeza o se toca con delicadeza y sensualidad.

Por lo general, con el tiempo y la experiencia se puede disfrutar de este modo. De todas maneras, las mujeres alcanzan con más facilidad el orgasmo cuando los senos y la zona genital se estimulan a la vez.

Presentar el clítoris a nuestra pareja

13

Con la experiencia (en solitario o en pareja), acabamos por conocer nuestras fuentes de placer y la manera de activarlas. También tenemos costumbres a la hora de proporcionar placer según lo que hemos vivido en el pasado. Dos cuerpos que se encuentran deben aprender a componer juntos: el hecho de nos guste que nos toquen de una manera no significa que le vaya a agradar a nuestra pareja, ni el hecho de que a nuestro ex le gustaran ciertas caricias supone que nuestro nuevo cónyuge las vaya a apreciar.

Muchas veces, entre amigas, nos hemos preguntado «¿Qué tal?», el famoso «¿Qué tal?» de la primera vez, el que inicia el interrogatorio sobre una relación sexual o una nueva pareja. Entre las respuestas, hay de todo: «Estupendo», «No está mal», «La cosa empieza bien» o, incluso, «Bah, pero bueno». La negación o la decepción nunca son radicales: siempre se da una oportunidad. No se trata de ser indulgente. Cuando un restaurante no nos satisface, no volvemos. En cuestiones de sexo, no pretendemos hacer una obra de caridad. Sin embargo, somos conscientes de que una relación que no es la bomba puede ser mejor las siguientes veces. Con el tiempo, las relaciones sexuales mejoran. La primera vez (o las primeras veces), influyen diferentes factores que alteran la magia de los comienzos: el estrés, lo desconocido, la prudencia (somos clásicos porque no sabemos qué dirección tomar), el alcohol en algunos casos…

También sucede que, con el tiempo, unas relaciones son menos agradables que otras. No hay que hacer ningún drama, unos días son mejores que otros. La culpa no es de la rutina, que se señala constantemente como el enemigo de la pareja. ¿Y si repetir las mismas caricias y las mismas posturas fuera la prueba de conocerse? ¿De que se sabe cómo proceder y qué teclas tocar para disfrutar y hacer disfrutar? Es cierto que el cambio estimula nuestra sexualidad, pero los hábitos sexuales que creamos juntos son nuestro marco y nuestra base. Incluso podríamos decir que son nuestro trampolín, lo que nos catapulta al placer. Hemos aprendido a «aprendernos» y, por lo tanto, a comunicarnos. Porque la comunicación —verbal y no verbal— es una clave que diseñamos en la

cama y fuera de ella para avanzar juntos y descubrirnos dí
tras día.

★ Secretos de la comunicación sexual

¿Por qué hablar de sexo en pareja? Para conocerse mejor y procurarse más placer. Cuando planeamos una cena con velas, nos comunicamos, cada uno comenta sus preferencias o sus reticencias y anuncia incluso que «le apetece tomar queso».

Somos capaces de hablar sobre la próxima comida o sobre la película que vamos a ver en el cine, pero expresar con palabras nuestros deseos, fantasías, dudas o frustraciones no es tan sencillo. La sexualidad es un ámbito íntimo, antes de ser compartido. Además, algunas personas piensan que hablar de sexo le quita todo el encanto y el misterio. Esto es completamente falso. Con el diálogo aumentamos nuestro grado de complicidad, así como la confianza mutua. Y eso no se puede conseguir sin decir ni una palabra.

A veces nos gustaría decir a nuestra pareja que esa caricia no es para tirar cohetes, que esa postura no es adecuada o que pasa demasiado rápido a la penetración... Puede ocurrir que no estemos de acuerdo o que una práctica no nos sirva. A no ser que nos mordamos la lengua y que, por eso, no digamos nada. Es normal, los hombres y las mujeres somos frágiles cuando se trata de mencionar nuestras «competencias» sexuales, nuestra manera de actuar y de ser, de dar y de recibir. Para expresarnos sin herir a nuestra pareja es necesario ser benévolos. No pretendemos soltar una serie de reproches ni comportarnos como maestras severas, sino dialogar positivamente con el fin de enriquecer nuestro amor y nuestra sexualidad. Si deseamos mandar un mensaje (por ejemplo, «Te olvidas de mi clítoris»), podemos empezar la conversación con aquello que funciona bien («Me encanta cuando hacemos el perrito»). Sería una equivocación creer que no es necesario expresar lo que no plantea problemas. Cuanto más tiempo dediquemos a decir lo que nos gusta, más fácil será abordar lo que funciona peor. En una pareja que solo se comunica para exponer las dificultades, el riesgo de que el miembro criticado se ponga a la defensiva es muy elevado.

Existen algunos códigos para expresarse de forma positiva. El más conocido en psicología es la regla del «Tú mortal»: «Tú no me tocas como es debido», «Tú haces unos preliminares de pena»... Es mortal porque acusa a nuestra pareja, mientras que si lo expresamos en primera persona del singular no es tan agresivo: «Me gusta menos eso que me haces», «Me gustaría dedicar más tiempo a los preliminares» o «Yo soy un diésel». A continuación, evitamos generalizar. Porque ese día se haya olvidado de tu clítoris no significa que siempre lo haga. Eso le acomplejaría, como si le quisiéramos decir que no ha entendido nada desde la noche de los tiempos (menuda conversación). Nuestra observación debe ser objetiva. Por último, tenemos una actitud colaborativa: aportamos una solución, le preguntamos lo que piensa, lo que le gustaría… Es un diálogo, no una ocasión para soltar reproches en un solo sentido.

También contamos con otros medios, en particular con el humor y las metáforas, que están íntimamente relacionados. «Eres un piloto de fórmula uno, pero recuerda que conduces un diésel», o «Eres un espeleólogo, pero no te olvides de que la gruta tiene llave» (en referencia al clítoris), o «El ascensor subirá más arriba si le das al botón antes de montarte» son tres ejemplos que nos gustan porque son ingeniosos (gracias) y porque permiten transmitir el mensaje de forma distendida y benévola. Si nos tememos que el humor vaya a rozar el sarcasmo porque sabemos que nuestra pareja es susceptible (no es de los que se ríen con estas cosas) o porque no es propio de nosotras, podemos apoyarnos en frases más delicadas. Si a nuestra pareja le encanta cocinar, podemos decirle que el agua hierve más rápido si le echas sal (los preliminares) o que te gustaría que empezara la pizza por los tomates cherry (el clítoris). Si es aficionado a la jardinería, que a nuestra florecilla le gusta que le acaricien los pétalos. Y así sucesivamente.

Pero el lenguaje tiene sus limitaciones, es verdad. Por un lado, a pesar de las palabras positivas, nuestra pareja puede ponerse a la defensiva (porque cree percibir un intento de manipulación). Por otro lado, las palabras confirman nuestra postura y pueden limitar nuestra sexualidad. Como si, al hablar, hiciéramos un inventario de lo que nos gusta y lo que no nos gusta. Sin embargo, las fantasías evolucionan, y nuestra curiosidad también. Nos puede gustar hacer el amor a oscuras en enero, pero no tanto en junio. Por supuesto, siempre encontraremos la manera de cambiar las cosas, pero «hablar demasiado» enmarca a veces nuestras relaciones sexuales en un contrato y nos impone límites. Corremos el riesgo de perder la espontaneidad en la cama: nuestra pareja puede tener dudas sobre las caricias que dispensarnos porque ya hemos establecido nuestras preferencias. No se atreve a probar e intenta atenerse a lo que hemos dicho, a las palabras que hemos pronunciado, con frecuencia muy precisas e inhibidoras. Ahora bien, los cuerpos pueden hablar por sí mismos durante el acto sexual y responder a nuestras necesidades actuales.

★ Cuando los cuerpos encuentran las palabras

Cerrar las piernas, cambiar de postura e, incluso, crisparse un poco puede indicar a nuestra pareja que no nos gusta lo que está sucediendo. A la inversa, si una caricia nos vuelve locas, los gemidos pueden expresar nuestro placer y confirmarle que va por el buen camino.

También se puede indicar lo que se espera con el lenguaje no verbal. Coger su mano, colocarla de otro modo, en otro lugar…

es una forma de guiar al otro hacia nuestros volcanes. Y no es en absoluto ofensivo: nuestra pareja quiere saber lo que nos gusta, quiere que disfrutemos, ¿no?

Con esta forma de actuar, guiamos la relación y tomamos la iniciativa. No hay ningún mal en ello. Por ejemplo, si te gustan las relaciones de sumisión y no te atreviste a decirle a tu pareja ayer en el parque «Me gustaría que me ataras, pervertido», puedes colocarte en la cama de forma que él te domine: le ofreces tu cuerpo, te pones las manos detrás de la nuca, dejas caer la cabeza en el borde de la cama, cierras los ojos… y el mensaje llega.

★ El lenguaje erótico

Las palabras procaces o la práctica del *dirty talk* (decir obscenidades) tienen el poder de excitarnos, expresan nuestro estado y lo que sentimos, pero también son un medio para compartir nuestros deseos y fantasías dentro de un marco erótico. Hay para todos los gustos. Discretas, que parecen más gemidos u onomatopeyas («ah, hum»), o palabras sencillas («Sigue, sigue»). Pero se puede llegar hasta frases provocativas que hablen de una misma («Estoy mojada») o de nuestra pareja («Me gusta tu sexo cuando se pone duro»). Algunas mujeres no dudan en usar un vocabulario más vulgar, plagado de insultos, que aumenta el placer sexual añadiendo una sensación de transgresión. A veces no podemos controlar las palabras obscenas, nos encontramos en un estado tal que perdemos «la razón» y dejamos que nuestro cuerpo se exprese.

Los investigadores[1] distinguen dos tipos de discurso en la cama: el que se centra en uno mismo (llamado «individualista») y el que trata de la experiencia compartida (llamado «mutualista»). El primero tiene como finalidad la excitación propia y el segundo la excitación de la pareja.

★ ¿Y la simulación?

¿Emitir gemidos para indicar a nuestra pareja que va por el buen camino equivale a fingir? Un poco. Pero la simulación, en contra de lo que se piensa, no es algo negativo. Tiene mala reputación porque se asimila al engaño y a la mentira, aunque todo depende del caso concreto. Según las últimas cifras con que contamos[2], el 62 % de las mujeres han fingido al menos una vez en

---

1. Jonason, P. K., Betteridge, G. L. y Kneebone, I. I., «An Examination of the Nature of Erotic Talk», *Archives of Sexual Behavior,* 2016, 45 (1), 21-31.

2. Encuesta del Ifop para CAM4, «Les Françaises et l'orgasme», diciembre de 2014.

su vida. Estamos de acuerdo: aunque todo el mundo se tire al río, no vamos a hacerlo nosotras (sobre todo si no sabemos nadar), pero la simulación no es una práctica acordada por las mujeres que se han pasado la consigna («Cuando sea un rollo, fingimos, ¿OK, chicas?»). La simulación solo es una solución que surge en un momento concreto porque no se nos ocurre otra cosa y no se encuentran las palabras para decir lo que se desea (o lo que no).

Por ejemplo, podemos tener ganas de terminar y no, eso no es malo. Puede que no estemos concentradas, que deberíamos haberlo dicho, haber pasado al siguiente nivel para evitarnos una decepción, pero no nos hemos atrevido. Además, no estábamos seguras, hemos intentado dejarnos llevar, esperábamos conseguirlo. Entonces fingimos el orgasmo para acabar de una vez. Enviamos una señal de fin porque es educado. Cuando tu suegra no se levanta de la silla después de una cena aburrida, no coges la escoba para echarla a la calle, sino que bostezas para indicar que es la hora de fregar los platos porque mañana te levantas temprano (¿tú no, Martine?). De este modo, nos ahorramos hablar «para nada»: por el hecho de que esta noche no nos haya gustado la relación, no vamos a hacer una montaña de un grano de arena ni a iniciar una conversación que podría alterarnos y alterar a nuestra pareja, quien va empezar a dudar de todo.

Pero volvamos al tema y a los gemidos que emitimos para guiar a nuestra pareja. ¿Cuándo son oportunos? Si nuestro compañero inicia la caricia adecuada o establece la cadencia correcta, el movimiento justo, indicarle que va por el buen camino jadeando o agitando el cuerpo es muy útil. Enviar *feedbacks* (retroalimentación) favorece la complicidad sexual y contribuye al aprendizaje mutuo. Si nuestra pareja está atenta a nuestras reacciones, hay muchas posibilidades de que guarde en la memoria eso que tanto nos ha gustado. También podemos añadir a nuestra apreciación palabras de ánimo, atrevidas o no. Un simple «Más» que confirme el gesto, que le invite a seguir más y más.

Fingir pone a algunas mujeres en condiciones de disfrutar. En otras palabras, hacer «creer» que eso nos encanta, añadir un poco de teatro a lo que sentimos, aumenta la excitación. Respiración más intensa, gemidos, cuerpo tenso…, seguimos una serie de códigos excitantes para nosotras y para nuestra pareja. La escena resulta más erótica. Pero no vale la pena exagerar. Masters y Johnson nos enseñan que el orgasmo es, en realidad, silencioso, por eso necesitamos manifestar que estamos ahí, a veces incluso lo anunciamos (el famoso «Ya está»). En ocasiones, nuestra pareja nos pregunta: «¿Ya estás?», cuando hemos sido demasiado discretas. En conclusión, todas y todos fingimos un poco.

★ Explorar el clítoris en pareja y con tranquilidad

Cerramos el círculo: la presentación del clítoris a tu pareja debe hacerse sin ningún tipo de presión (¿cómo?, ¿una regla?). Aunque el clítoris no sea un simple botón, no por ello es menos encantador. Espera que lo queramos conocer, pero no desea asustar a nadie. Os lo podéis imaginar, el chico acaba de superar décadas de oscurantismo, se pasea un poco con el rabo entre las piernas… Nos toca devolverle la confianza de alguna manera. Ver las cosas así nos permite respirar un poco y relajarnos.

Tal vez esperamos que nuestra pareja le preste más atención al clítoris, pero es inútil decirle cien veces que es necesario y que este órgano te vuelve loca (aunque nosotras te lo hayamos repetido mucho). Quizás tiene miedo de no saber cómo actuar. Veámoslo como un juego, como un terreno nuevo, como un viaje que organizamos: nos imaginamos que va a estar muy bien, lleno de amor, de salidas y visitas turísticas, puede que nos llevemos alguna decepción (¿en serio hemos venido a Copenhague para ver esta minúscula Sirenita de la que todo el mundo habla?), pero sobre todo vamos a disfrutar. El clítoris es como un viaje. Por mucho que nos documentemos antes de salir y contemos con planos, mapas y listas de sitios turísticos, solo descubriremos su realidad *in situ* (encima o debajo de las sábanas). Ojalá podamos extasiarnos y deleitarnos con un buen sabor de boca.

Conclusión

Acabamos de escribir estas líneas cuando finalizan las vacaciones de verano. Miles de alumnos se disponen a descubrir el clítoris en el nuevo libro de *Ciencias de la Vida y de la Tierra*. ¿Qué sentimos? Placer (con tal de repetirnos…). Una de nosotras se encontró en los aseos de un bar el dibujo de un clítoris realizado con exactitud (y talento): ¡una cabeza con piernas! Con largas piernas.

El clítoris ya está en los colegios y en los aseos de un bar: al menos, de un bar de París.

Hemos tardado varios meses en escribir este libro y ha sido agradable ver la evolución del clítoris en el panorama mediático según lo escribíamos. Nos sentíamos en la misma longitud de onda que él. Por supuesto, las investigaciones sobre el clítoris aún no han dicho su última palabra. La sexualidad femenina sigue siendo misteriosa. Pero antes de nada, antes de descubrir la continuación de la historia, recordamos una realidad: cada mujer es su propia investigadora. Porque todas tenemos ese potencial. Y porque nunca acabamos de conocernos, practicamos el autoerotismo o nos refugiamos debajo de las sábanas con nuestra pareja.

Nada de sentirnos frustradas por lo que aún no hemos practicado en la cama o por las sensaciones que aún no hemos experimentado. Al contrario, sonriamos ante lo que no conocemos todavía y ante los secretos que el clítoris no nos ha revelado por ahora: solo puede traernos felicidad (y quizás convertirse en el tema de un segundo tomo).

Eso es ser sexopositivas. Es aprender a saborear lo que tenemos sin pensar en lo que no vivimos. Es dejar las comparaciones (mi vecina grita muy fuerte durante el orgasmo) y recordar que somos únicas. Es hacer el amor según nuestros deseos y criterios, con los calcetines o con nuestro ex si nos apetece. Es ignorar las cifras que no conducen a nada y nos culpabilizan (¿así que soy la única a la que le gusta atar a su pareja y comer salchichas después de hacer el amor?). Es contemplar nuestro cuerpo y nuestro sexo para encontrarlo bello y poderoso. Es convertirlo en un importante aliado y continuar nuestro camino. Es no pensar en el orgasmo sino en el placer que nos lleva a él. Es dejarse sorprender mañana y el resto de los días. Es, sobre todo, no pensar en un oso polar…

Bibliografía

★ Aubin, S., «Dysfonction orgasmique chez la femme», en Poudat, F.-X., *Sexualité, couple et TCC: les difficultés sexuelles,* vol. 1, Issy-les-Moulineaux, Elsevier Masson, 2011, 149-165.

★ Brey, I., *Sex and the Series, sexualités féminines, une révolution télévisuelle,* Villemarier, Soap Éditions, 2016.

★ Brotto, L. A., «Mindful sex», *Canadian Journal of Human Sexuality,* 2013, 22 (2), 63-68.

★ Buisson, O., Foldès, P. y Paniel, B. J., «Sonography of the clitoris», *The Journal of Sexual Medicine,* 2008, 5, 413-417.

★ Cautela, J., «Covert negative reinforcement», *Journal of Behavior Therapy and Experimental Psychiatry,* 1970, 1, 273.

★ Cymes, M., *Quand ça va, quand ça va pas,* Éditions Clochette, 2017.

★ Eichel, E. y Nobile, P., *The Perfect Fit: How to Achieve Mutual Fulfillment and Monogamous Passion Through the New Intercourse,* Dutton Books, 1992.

★ Encuesta del Ifop para CAM4, «Les Françaises et l'orgasme», diciembre de 2014.

★ Estudio *Les Françaises et l'orgasme,* Ifop para CAM4, 2015.

★ Falloppii, G., *Observationes anatomicae* (Reprod.), Apud Bernadum Turrifanum (Parisiis), 1562.

★ Foldès, P. y Buisson, O., «The Clitoral Complex: A dynamic sonographic study», *The Journal of Sexual Medicine,* 2009, 6 (5), 1223-1231.

★ Freud, S., *Introduction à la psychanalyse,* París, Petite Bibliothèque Payot, 2001 (edición original: 1917). Edición en español: *Introducción al psicoanálisis,* Madrid, Alianza Editorial, 2015.

★ Grmek, M. D., *Hippocratica: actes du Colloque hippocratique de Paris* (del 4 al 9 de septiembre de 1978), Éditions du Centre national de la recherche scientifique, 1980, 1 (3), 332-333.

★ Hertwig, O., «Beiträge zur Kenntnis der Bildung, Befruchtung und Theilung des thierischen Eies», *Morphologisches Jahrbuch,* 1976, 1, 347-434.

★ Hite, S. *Le nouveau rapport Hite,* París, J'ai Lu, 2004. Versión en español: *Informe Hite: informe de la sexualidad femenina.* Punto de Lectura, Barcelona, 2002.

★ Hubin, A. y Michel, C., *Je Sexopositive,* París, Eyrolles, 2015.

★ Hubin, A. y De Sutter, P., «Un glissement des typologies hommes-femmes dans leurs désirs affectifs et sexuels?», en Heenen-Wolff, S. y Vandendorpe, F., *Différences des sexes et vies sexuelles d'aujourd'hui,* Belgique, Academia A. B. Bruylant, 2012, 163-168.

★ Hubin, A.; De Sutter, P. y Reynaert, C., «L'utilisation de textes érotiques dans l'éveil du désir sexuel féminin», *Réalités en Gynécologie-Obstétrique. Supplément Sexologie,* 2008, 134, 46-49.

★ Hurlbert, D. F. y Apt, C., «The coital alignment technique and directed masturbation: a comparative study on female orgasm», *Journal of Sex & Marital Therapy,* 1995, 21 (1), 21-29.

★ Ifop, «Les Français et les *sextoys*: la grande enquête», 9 de febrero de 2017.

★ Jonason, P. K. Betteridge, G. L. y Kneebone, I. I., «An Examination of the Nature of Erotic Talk», *Archives of Sexual Behavior,* 2016, 45 (1), 21-31.

★ Jones, J. C. y Barlow, D. H., «Self-reported frequency of sexual urges, fantasies, and masturbatory fantasies in heterosexual males and females», *Archives of Sexual Behavior,* 1990, 19, 269-279.

★ Kabat-Zinn, J., «Mindfulness-based intervention in context: Past, present and future», *Clinical Psychology:* Science and Practice, 2003, 10, 144-156.

★ Kabat-Zinn, J.; André, C. y Maskens, C., *Au coeur de la tourmente, ma pleine conscience, MBSR, la réduction du stress basé sur la mindfulness: programme complet en 8 semaines,* Bruxelles, De Boeck Université, 2009.

★ Kaplan, H. S., «Does the CAT technique enhance female orgasm?», *Journal of Sex & Marital Therapy,* 1992, 18 (4), 285-291.

★ Kinsey, A., *Sexual behavior in the human female,* Philadelphia, W. B., Saunders ed., 1953.

★ Koedt, A. «Le mythe de l'orgasme vaginal», *Nouvelles Questions Féministes,* 2010, 29 (3), 14-22. Versión en español: «El mito del orgasmo vaginal», *Debate Feminista,* 2001, 23, pp. 254-263.

★ Lemel, A., *Les 200 clitoris de Marie Bonaparte,* París, Éditions Mille et Une Nuits, 2010.

★ Lever, J., Frederick, D. A. y Peplau, L. A., «Does size matter? Men's and women's views on penis size across the lifespan», *Psychology of Men and Masculinity,* 2006, 7 (3), 129-143. Stulhofer, A., «How (un) important is penis size for women with heterosexual experience?», *Archives of Sexual Behavior,* 2006, 35, 5-6.

★ Luo, J., Betschart, C.; Ashton-Miller, J. A. y DeLancey, J. O., «Quantitative analyses of variability in normal vaginal shape and dimension on MR images», *International Urogynecology Journal,* 2016, 27 (7), 1087-1095.

★ Maines, R. P., *Technologies de l'orgasme. Le vibromasseur, «l'hystérie» et la satisfaction sexuelle des femmes,* París, Payot, 2009.

★ Masters, W. H. y Johnson, V., *Human sexual reponse,* Boston, Little Brown, 1966.

★ Masters, W. H. y Johnson, V. E., *Les mésententes sexuelles et leur traitement,* París, Laffont, 1971. Traducción en francés de *Human Sexual Inadequacy.*

★ Mayland, K. A., *The Impact of Practicing Mindfulness Meditation on Women's Sexual Lives,* (tesis doctoral), San Diego, CA, California School of Professional Psychology, 2005.

★ O'Connell, H. E., Hutson, J. M.; Anderson, C. R. y Plenter, R. J., «Anatomical relationship between urethra and clitoris», *Journal of Urology,* 1998, 159, 1892-1897.

★ Oakley, S. H., Vaccaro, C. M., Crisp, C. C. *et al.,* «Clitoral size and location in relation to sexual function using pelvic MRI», *The Journal of Sexual Medicine,* 2014, 11 (4), 1013-1022.

★ Pauls, R. N., «Anatomy of the clitoris and the female Sexual Response», *Clinical Anatomy,* 2015, 18, 376-384. Ginger, V. A., Cold, C. J. y Yang, C. C., «Surgical anatomy of the dorsal nerve of the clitoris», *Neurourol Urodyn,* 2011, 30 (3), 412-416.

★ Pauls, R., Mutema, G., Segal, J. *et al.,* «A prospective study examining the anatomic distribution of nerve density in the human vagina», *The Journal of Sexual Medicine,* 2006, 3 (6), 979-987.

★ Perry, J. D., Ladas, A. K. y Whipple, B. (1982), *Le Point G. et autres découvertes récentes sur la sexualité humaine,* París, Robert Laffont. Versión en español: *El punto G,* Barcelona, Literatura Random House, 2000.

★ Pierce, A. P., «The coital alignment technique (CAT): an overview of studies», *Journal of Sex & Marital Therapy,* 2000, 26 (3), 257-268.

★ Prause, N., Park, J., Leung, S. y Miller, G., «Women's preferences for penis size: A new research method using selection among 3D models», *PLoS ONE,* 2015, 10 (9), e0133079.

★ *Rapport relatif à l'éducation à la sexualité,* Rapport n.° 2016-06-13-SAN-021, publicado el 13 de junio de 2016.

★ Richters, J., Visser, R., de Rissel, C. y Smith, A., «Sexual practices at last heterosexual encounter and occurrence of orgasm in a national survey», *The Journal of Sex Research,* 2006, 43 (3), 217-226.

★ Stringer, M. D. y Becker, I., «Colombo and the clitoris», *European Journal of Obstetrics & Gynecology and Reproductive Biology,* 2010, 151 (2), 130-133.

★ Unger, A. y Walters, M. D., «Female clitoral priapism: an over-the-counter option for management», *The Journal of Sexual Medicine,* 2014, 11 (9), 2354-2356.

★ Wegner, D. M., Schneider, D., Carter, S. y White, T., «Paradoxical effects of thought suppression», *Journal of Personality and Social Psychology,* 1987, 53, 5-13.

Las autoras

Alexandra Hubin nació el 13 de marzo de 1978. Es doctora en Psicología y sexóloga. En 2010 fundó la sexología positiva «SexoPositiva», que se basa en las claves de una sexualidad plena. También ejerce la sexología en las Cliniques Universitaires Saint-Luc, en Bruselas. Avalada por su experiencia en el ámbito de la investigación, sigue con interés los estudios científicos y participa en la difusión de información veraz mediante sus intervenciones en medios de comunicación belgas y franceses, sus clases en la universidad, sus conferencias y sus publicaciones.

Caroline Michel nació el 27 de junio de 1987. Se llama Michel, como todo el mundo, pero habla de sexo como nadie. Es periodista independiente para revistas femeninas, especializada en psicología y sexualidad. Apasionada de la escritura, tan divertida como la más divertida de tus amigas, es autora de varias guías prácticas sobre las especialidades citadas, del blog *ovary.fr* y de una novela, *89 mois* (89 meses), publicada en 2016 por Éditions Préludes.

Alexandra y Caroline iniciaron su colaboración hace cinco años con la redacción de un artículo sobre el papel del perineo en el placer sexual. Simpatizaron enseguida. De este flechazo nació *Je SexoPositive*! (Soy sexopositiva), una guía práctica, instructiva y sin complejos, publicada en 2015 por Éditions Eyrolles. Dos años después, en un café matinal con Gwenaëlle Painvin, de la misma editorial, surgió el tema del clítoris como algo evidente: el clítoris merecía que se hablara de él y que se le diera (por fin) la palabra.

Las dos mujeres se embarcaron en esta aventura apasionante, que responde a una auténtica necesidad. *Entre mis labios, mi clítoris* es su segunda obra, fruto del encuentro de la sexología, el periodismo y la edición.